Los números（数字）

序数			
第1の	**primero（-ra）**	第6の	**sexto（-ta）**
第2の	**segundo（-da）**	第7の	**séptimo（-ma）**
第3の	**tercero（-ra）**	第8の	**octavo（-va）**
第4の	**cuarto（-ta）**	第9の	**noveno（-na）**
第5の	**quinto（-ta）**	第10の	**décimo（-ma）**

・形容詞として性数変化
・primero, tercero は＋男性単数名詞で primer, tercer

基数					
0	**cero**	20	**veinte**	100	**cien / ciento**
1	**uno**	21	**veintiuno**	101	**ciento uno**
2	**dos**	22	**veintidós**	200	**doscientos（-tas）**
3	**tres**	23	**veintitrés**	300	**trescientos（-tas）**
4	**cuatro**	24	**veinticuatro**	400	**cuatrocientos（-tas）**
5	**cinco**	25	**veinticinco**	500	**quinientos（-tas）**
6	**seis**	26	**veintiséis**	600	**seiscientos（-tas）**
7	**siete**	27	**veintisiete**	700	**setecientos（-tas）**
8	**ocho**	28	**veintiocho**	800	**ochocientos（-tas）**
9	**nueve**	29	**veintinueve**	900	**novecientos（-tas）**
10	**diez**	30	**treinta**	1.000	**mil**
11	**once**	31	**treinta y uno**	1.001	**mil uno**
12	**doce**	32	**treinta y dos**	2.000	**dos mil**
13	**trece**	33	**treinta y tres**	10.000	**diez mil**
14	**catorce**	40	**cuarenta**	100.000	**cien mil**
15	**quince**	50	**cincuenta**	1.000.000	**un millón**
16	**dieciséis**	60	**sesenta**	2.000.000	**dos millones**
17	**diecisiete**	70	**setenta**	10.000.000	**diez millones**
18	**dieciocho**	80	**ochenta**	100.000.000	**cien millones**
19	**diecinueve**	90	**noventa**	1.000.000.000	**mil millones**

・3桁の位取りは、国によりピリオド（.）またはコンマ（,）を用いる。混乱を避けるために、現在は5桁以上の場合はスペースを空けることが推奨されている（12 345 678）。
・**uno** は男性名詞の前で **un**、女性名詞の前で **una**。21以上で **uno** を含む場合も同じ。
・10の位と1の位は **y** で結ぶ。
・100は、**cien**：①単独で、②＋名詞、③＋ **mil**
　　　　　ciento：①＋（99までの）数字、②時に単独で
・200から900は性変化あり。
・**millón** は名詞なので複数形あり。

EJERCICIOS DE GRAMÁTICA ESPAÑOLA POR NIVELES

Kimiyo Nishimura
Wakako Kikuda
Hanako Saito
Toshihiro Takagaki
Masami Miyamoto
Francisco Barrera

Versión naranja

Editorial ASAHI

はじめに

　本書はスペイン語の文法を十分練習して身につけることを目指したドリル・ブックです。大学などスペイン語の教室では、それぞれのテキストを使い、それぞれのやり方で授業を行っていますが、どの大学でも、「文法をもっと練習できるような問題集はありませんか？」という質問をよく受けます。専攻外国語としてスペイン語を勉強する場合は、文法をしっかり学ぶことになりますが、中学・高校で英語を勉強してきたときに使ったような文法問題集がスペイン語でもあればいいのにというもっともな要望です。ところが、これまで出版されているものでは、問題数が少なかったり、検定試験対策用であったり、そういった学習者のニーズに必ずしも応じきれないというのが実情でした。

　そこで、「もっと文法問題を練習したい」という願いをかなえられればと考え、簡単すぎず、かといって、難解すぎることのないよう配慮しながら、スペイン語文法が確実に身についていると実感できるような練習問題集を作ることにしました。

　スペイン語専攻といっても、そのレベルはいろいろですし、また第二外国語でスペイン語を学ぶ場合も、より高度な知識を身につけたいと思うことも少なくないはずです。本書は、問題のレベルを3段階に分け、最初のページから順に練習していくことも、また苦手な項目を選んでチャレンジしてみることもできるような構成にしました。

　レベル1は、日本で一般的に使用されている文法テキストが扱っている項目を網羅的に取り上げ、基本的な文法事項を確認する問題が中心です。スペイン語専攻の教室での基礎力養成、また、第二外国語では文法知識の整理に役立つでしょう。レベル2は、ふだん私たちが文法を教える際に、特に工夫して説明したり、注意を喚起するような項目を取り上げました。レベル1と対応しているものもありますし、いくつかの項目にまたがるものもあります。レベル1で確認した内容を少し応用的に鍛えてみましょう。またレベル3は、レベル1、2で扱った文法項目を用いて実際に文を作ってみる練習です。文法は、穴埋め問題や置き換え問題ができるようになるだけでは十分とはいえません。自分で文を組み立てて、実際にコミュニケーションに使えるレベルに到達できるまで、ぜひがんばってください。一人でも多くの人が、文法という便利な道具を手に入れ、スペイン語のよき使い手となることを願っています。

　最後に、スペイン語の校閲を担当してくださった Marimar Jorge 先生と、こうした問題集を作りたいという私たちの希望を聞いてくださり、企画から完成に至るまで、常に適切なアドバイスと励ましをくださった朝日出版社の山田敏之さんに、心からお礼申し上げます。

　　　2008年秋

改訂版刊行に際して

　2009年に初版を刊行して以来、多くの学習者や教員の方々にご活用いただいてきました。形式的な小さな訂正は増刷の機会に行ってきましたが、これだけ時間が経つと、時代に合わなくなった内容の文など、手を入れたい箇所が目につくようになっていました。この度グリーン版を刊行することになり、同じタイミングでこちらの版のアップデートも行うことにいたしました。最低限の改訂ではありますが、違和感なく利用していただけるようになっていることを願っております。

　　2022年秋

著者一同

目　次

写真を「読む」

装丁－メディア・アート

レベル1

Nivel 1

文字・発音、音節・アクセント

1 例にならって、次の略号のつづりをアルファベット読みで書いてみましょう。

> **例)** NHK → *ene hache ka*

1) FM →
2) UE →
3) PNB →
4) ONG →
5) ADN →

2 例にならって、次の人名のつづりをアルファベット読みで書いてみましょう。

> **例)** Juan → *jota u a ene*

1) Alberto →
2) Francisco →
3) Miguel →
4) María →
5) Teresa →

3 次の語の二重母音・三重母音に下線をつけましょう。

1) piano ピアノ	2) radio ラジオ	3) seis 6
4) euro ユーロ	5) cuarto 部屋	6) ciudad 都市
7) huevo 卵	8) estudiáis （君たちが）勉強する	9) ausencia 欠席
10) fiesta パーティー		

4 次の語の二重子音に下線をつけましょう。

1) plaza 広場	2) clima 気候	3) problema 問題
4) flauta フルート	5) compra 買い物	6) cristal ガラス
7) Brasil ブラジル	8) grupo グループ	9) francés フランス語
10) entrevista インタビュー		

5 例にならって、左の語の太字部分と発音が同じものを a), b) のうちから選びましょう。

> **例)** **g**ato 猫　　a) **g**ente 人々　ⓑ **g**ol ゴール

1) **c**ine 映画館	a) mu**ch**o たくさんの	b) **lu**z 明かり
2) via**je** 旅行	a) **g**ente 人々	b) **gu**erra 戦争
3) **h**ora 時間	a) o**c**tubre 10月	b) traba**jo** 仕事
4) **gi**gante 巨大な	a) **f**in 終わり	b) **j**irafa キリン
5) guita**rra** ギター	a) **l**ámpara ランプ	b) **r**ápido 速い

6️⃣ 例にならって、次の語を音節に分けましょう。

例) ma / ña / na　明日

1) estudiante　学生　　　2) guía　ガイド　　　　3) bicicleta　自転車
4) instrumento　楽器　　　5) lección　課　　　　6) oriental　東洋の
7) cigarrillo　たばこ　　　8) museo　美術館　　　9) agricultura　農業
10) comunicación　コミュニケーション

7️⃣ 例にならって、次の語を音節に分け、アクセントのある音節を○で囲みましょう。

例) ma / ña / na　明日

1) amor　愛　　　　　　2) lunes　月曜日　　　　3) fuego　火
4) historia　歴史　　　　5) idea　アイデア　　　　6) noviembre　11月
7) trabajar　働く　　　　8) país　国　　　　　　9) examen　試験
10) electricidad　電気

8️⃣ 次の語を、アクセントの位置を基準に分類して、下に書き入れましょう。

Madrid　マドリード　　Barcelona　バルセロナ　　junio　6月　　　　violín　バイオリン
vivir　住む　　　　　　pantalones　ズボン　　　periódico　新聞　　baile　ダンス
gafas　眼鏡　　　　　　teléfono　電話　　　　　papel　紙　　　　　sombrero　帽子
adiós　さようなら　　　noticia　ニュース　　　miércoles　水曜日

最後の音節にアクセントのある語	最後から2番目の音節にアクセントのある語

その他

3

2

名 詞

1 男性名詞は対応する女性名詞に、女性名詞は対応する男性名詞にしましょう。

1) profesora　先生　　　　　→ _____
2) hija　娘　　　　　　　　　→ _____
3) secretario　秘書　　　　　→ _____
4) camarera　ウェイトレス　→ _____
5) pianista　ピアニスト　　　→ _____
6) futbolista　サッカー選手　→ _____
7) estudiante　学生　　　　　→ _____
8) abuelo　祖父　　　　　　　→ _____
9) hombre　男　　　　　　　　→ _____
10) padre　父　　　　　　　　→ _____
11) pintor　画家　　　　　　　→ _____
12) enfermera　看護師　　　　→ _____
13) hermano　兄［弟］　　　　→ _____
14) española　スペイン人　　　→ _____
15) argentina　アルゼンチン人 → _____
16) japonesa　日本人　　　　　→ _____
17) mexicano　メキシコ人　　→ _____
18) alemana　ドイツ人　　　　→ _____
19) chino　中国人　　　　　　→ _____
20) coreano　韓国人・朝鮮人　→ _____

2 男性名詞には「男」、女性名詞には「女」と記入しましょう。

1) (　　) metro　地下鉄　　　　　11) (　　) bar　バル
2) (　　) cocina　台所　　　　　　12) (　　) sociedad　社会
3) (　　) coche　自動車　　　　　13) (　　) idioma　言語
4) (　　) información　情報　　　14) (　　) moto　バイク
5) (　　) hotel　ホテル　　　　　15) (　　) banco　銀行
6) (　　) mano　手　　　　　　　16) (　　) película　映画
7) (　　) pan　パン　　　　　　　17) (　　) día　日
8) (　　) fútbol　サッカー　　　　18) (　　) carne　肉
9) (　　) familia　家族　　　　　19) (　　) parque　公園
10) (　　) revista　雑誌　　　　　20) (　　) ordenador　コンピューター

③ 次の名詞の複数形を書きましょう。

1) calle　通り　　　　　　　→ ------------------------------------

2) diccionario　辞書　　　　→ ------------------------------------

3) ciudad　都市　　　　　　→ ------------------------------------

4) flor　花　　　　　　　　→ ------------------------------------

5) ejercicio　練習問題　　　→ ------------------------------------

6) español　スペイン人　　→ ------------------------------------

7) vez　回　　　　　　　　→ ------------------------------------

8) estación　駅　　　　　　→ ------------------------------------

9) autobús　バス　　　　　→ ------------------------------------

10) paraguas　傘　　　　　→ ------------------------------------

11) examen　試験　　　　　→ ------------------------------------

12) joven　若者　　　　　　→ ------------------------------------

13) martes　火曜日　　　　→ ------------------------------------

14) japonés　日本人　　　　→ ------------------------------------

15) portugués　ポルトガル人　→ ------------------------------------

④ 次の名詞の単数形を書きましょう。

1) guantes　手袋　　　　　→ ------------------------------------

2) cuadernos　ノート　　　→ ------------------------------------

3) universidades　大学　　→ ------------------------------------

4) mujeres　女性　　　　　→ ------------------------------------

5) tazas　カップ　　　　　→ ------------------------------------

6) hospitales　病院　　　　→ ------------------------------------

7) ojos　目　　　　　　　　→ ------------------------------------

8) lápices　鉛筆　　　　　→ ------------------------------------

9) papeles　紙　　　　　　→ ------------------------------------

10) cuestiones　問題　　　　→ ------------------------------------

11) relojes　時計　　　　　→ ------------------------------------

12) jueves　木曜日　　　　→ ------------------------------------

13) habitaciones　部屋　　→ ------------------------------------

14) ingleses　イギリス人　→ ------------------------------------

15) estadounidenses　アメリカ人　→ ------------------------------------

5

3

1 次の名詞に定冠詞をつけましょう。

1) (	) alumna　生徒	11) (	) cultura　文化
2) (	) clase　教室	12) (	) restaurante　レストラン
3) (	) año　年	13) (	) agua　水
4) (	) tío　おじ	14) (	) jardín　庭
5) (	) televisión　テレビ	15) (	) mercado　市場
6) (	) radio　ラジオ(放送)	16) (	) ventana　窓
7) (	) deporte　スポーツ	17) (	) compañera　仲間
8) (	) sofá　ソファ	18) (	) librería　本屋
9) (	) avión　飛行機	19) (	) teatro　劇場
10) (	) mesa　机	20) (	) noche　夜

2 次の名詞に不定冠詞をつけましょう。

1) (	) alumno　生徒	11) (	) teléfono　電話
2) (	) lección　課	12) (	) semana　週
3) (	) examen　試験	13) (	) enfermedad　病気
4) (	) hermana　姉［妹］	14) (	) casa　家
5) (	) carta　手紙	15) (	) melón　メロン
6) (	) foto　写真	16) (	) puerta　ドア
7) (	) bolso　ハンドバッグ	17) (	) señora　婦人
8) (	) tomate　トマト	18) (	) barco　船
9) (	) tren　列車	19) (	) aeropuerto　空港
10) (	) café　コーヒー	20) (	) billete　切符

3 次の名詞に定冠詞をつけ、さらに複数形にしましょう。

例) (*el*) libro　本　→　*los libros*

1) (　　) palabra　単語　→　---

2) (　　) trabajo　仕事　→　---

3) (　　) viernes　金曜日　→　---

4) (　　) aula　教室　→　---

5) (　　) canción　歌　→　--

6) (　　) señor　男性　→　--

7) (　　) catedral　大聖堂　→　---

8) (　　) llave　鍵　→　--

9) (　　) cine　映画館　→　---

10) (　　) país　国　→　--

④ 次の名詞に不定冠詞をつけ、さらに複数形にしましょう。

例) (*una*) casa　家　→　*unas casas*

1) (　　　　) pluma　ペン　　　　　　→ ------------------------------

2) (　　　　) camisa　シャツ　　　　　→ ------------------------------

3) (　　　　) periódico　新聞　　　　→ ------------------------------

4) (　　　　) problema　問題　　　　 → ------------------------------

5) (　　　　) taxi　タクシー　　　　　→ ------------------------------

6) (　　　　) prima　いとこ　　　　　→ ------------------------------

7) (　　　　) día　日　　　　　　　　→ ------------------------------

8) (　　　　) río　川　　　　　　　　→ ------------------------------

9) (　　　　) mapa　地図　　　　　　→ ------------------------------

10) (　　　　) maleta　スーツケース　→ ------------------------------

⑤ 名詞の性・数に注意して、定冠詞をつけましょう。

1) (　　　　) vacaciones　休暇　　　　6) (　　　　) comida　食べ物

2) (　　　　) vino　ワイン　　　　　　7) (　　　　) tenedor　フォーク

3) (　　　　) bolígrafos　ボールペン　　8) (　　　　) zapatos　靴

4) (　　　　) sopa　スープ　　　　　　9) (　　　　) piscina　プール

5) (　　　　) números　数字　　　　　10) (　　　　) gente　人々

⑥ 名詞の性・数に注意して、不定冠詞をつけましょう。

1) (　　　　) actores　俳優　　　　　6) (　　　　) hora　時間

2) (　　　　) niñas　子供　　　　　　7) (　　　　) cuadro　絵

3) (　　　　) medicina　薬　　　　　　8) (　　　　) relojes　時計

4) (　　　　) edificios　建物　　　　　9) (　　　　) pantalones　ズボン

5) (　　　　) hotel　ホテル　　　　　10) (　　　　) pueblos　村

4 形容詞・指示詞

1 カッコ内の形容詞を名詞に合わせた形にしましょう。

1) una novela _____ (divertido)　面白い小説
2) los chicos _____ (simpático)　感じのいい子たち
3) unos libros _____ (interesante)　興味深い本
4) las casas _____ (enorme)　非常に大きな家
5) el hombre _____ (inglés)　イギリス人男性
6) los dependientes _____ (amable)　親切な店員
7) las clases _____ (aburrido)　退屈な授業
8) las habitaciones _____ (limpio)　清潔な部屋
9) los ojos _____ (azul)　青い目
10) las personas _____ (mayor)　お年寄り
11) unos taxis _____ (libre)　空車のタクシー
12) la sopa _____ (caliente)　熱いスープ
13) un vestido _____ (elegante)　エレガントなドレス
14) las películas _____ (japonés)　日本映画
15) el tema _____ (serio)　まじめなテーマ
16) un _____ (pequeño) regalo　ささやかな贈り物
17) el _____ (actual) presidente　現大統領
18) un _____ (bueno) actor　いい俳優
19) un _____ (malo) recuerdo　悪い思い出
20) la _____ (grande) pianista　偉大なピアニスト

2 形容詞の位置に注意して、日本語に合う適切な表現を a)，b) のうちから選びましょう。

1) 旧友　　　　　　　　　　a) un viejo amigo　　　　b) un amigo viejo
2) 年を取った友人　　　　　a) un viejo amigo　　　　b) un amigo viejo
3) 傑作　　　　　　　　　　a) una gran obra　　　　b) una obra grande
4) 大きな作品　　　　　　　a) una gran obra　　　　b) una obra grande
5) 確かなデータ　　　　　　a) ciertos datos　　　　b) datos ciertos
6) あるデータ　　　　　　　a) ciertos datos　　　　b) datos ciertos
7) かわいそうな子供　　　　a) una pobre niña　　　　b) una niña pobre
8) 貧しい子供　　　　　　　a) una pobre niña　　　　b) una niña pobre
9) 新築の家　　　　　　　　a) una nueva casa　　　　b) una casa nueva
10) 新居、新しく引っ越した家　a) una nueva casa　　　　b) una casa nueva

3 日本語に合うように、適切な指示形容詞を入れましょう。

例) (*esta*) revista　この雑誌

1) (　　　　　　　) impresora　　　このプリンター
2) (　　　　　　　) niños　　　　　それらの子供たち
3) (　　　　　　　) edificio　　　　あの建物
4) (　　　　　　　) iglesias　　　　あれらの教会
5) (　　　　　　　) resultados　　　これらの結果
6) (　　　　　　　) esquina　　　　その角
7) (　　　　　　　) faldas　　　　　これらのスカート
8) (　　　　　　　) periódico　　　この新聞
9) (　　　　　　　) semana　　　　あの週
10) (　　　　　　　) billete　　　　その紙幣
11) (　　　　　　　) monedas　　　これらの硬貨
12) (　　　　　　　) concierto　　　あのコンサート
13) (　　　　　　　) examen　　　　その試験
14) (　　　　　　　) estudiantes　　あれらの学生たち
15) (　　　　　　　) partidos　　　これらの試合
16) (　　　　　　　) fotocopias　　それらのコピー
17) (　　　　　　　) cuchara　　　そのスプーン
18) (　　　　　　　) ventanas　　　あれらの窓
19) (　　　　　　　) restaurante　　このレストラン
20) (　　　　　　　) hotel　　　　　そのホテル

4 例にならって、カッコ内に適切な指示形容詞または指示代名詞を入れましょう。

例) (この：*este*) libro この本／（あれ：*aquel*）

1) (その：　　　　　　) diccionario　その辞書／（これ：　　　　　　）
2) (これらの：　　　　　　) cortinas　これらのカーテン／（あれら：　　　　　　）
3) (それらの：　　　　　　) folletos　それらのパンフレット／（これら：　　　　　　）
4) (あの：　　　　　　) taza　あのカップ／（それ：　　　　　　）
5) (この：　　　　　　) edificio　この建物／（あれ：　　　　　　）

5　所有形容詞・所有代名詞

[この課では便宜上、君：tú、あなた：usted、君たち：vosotros/vosotras、あなた方：ustedes という対応関係で解答してください。]

1　日本語に合うように、所有形容詞（前置形）を入れましょう。

例）(*mi*) corbata　私のネクタイ

1) (　　　　　　　　) zapatos　　　　　私たちの靴
2) (　　　　　　　　) hijas　　　　　　君の娘たち
3) (　　　　　　　　) agenda　　　　　私の手帳
4) (　　　　　　　　) bolígrafo　　　　彼のボールペン
5) (　　　　　　　　) compañeros　　　君たちの仲間たち
6) (　　　　　　　　) reloj　　　　　　彼女の時計
7) (　　　　　　　　) botas　　　　　　彼女たちのブーツ
8) (　　　　　　　　) móvil　　　　　　あなたの携帯電話
9) (　　　　　　　　) llaves　　　　　　私の鍵
10) (　　　　　　　　) piso　　　　　　彼らのマンション
11) (　　　　　　　　) calcetines　　　彼女の靴下
12) (　　　　　　　　) familia　　　　　私たちの家族
13) (　　　　　　　　) número de teléfono　彼の電話番号
14) (　　　　　　　　) copa　　　　　　君のグラス
15) (　　　　　　　　) nieta　　　　　　あなた方の孫
16) (　　　　　　　　) ordenador　　　私のコンピューター
17) (　　　　　　　　) preguntas　　　君たちの質問
18) (　　　　　　　　) sueldo　　　　　彼の給料
19) (　　　　　　　　) habitaciones　　私たちの部屋
20) (　　　　　　　　) dirección　　　彼らの住所

2　日本語に合うように、所有形容詞（後置形）を入れましょう。

例）una alumna (*mía*)　私の生徒

1) una novela (　　　　　　)　　　彼の小説
2) un amigo (　　　　　　)　　　　私たちの友人
3) los comentarios (　　　　　　)　あなたのコメント
4) una idea (　　　　　　)　　　　私の考え
5) un cliente (　　　　　　)　　　彼らの顧客
6) los problemas (　　　　　　)　君たちの問題
7) una prima (　　　　　　)　　　君のいとこ

8）las películas（　　　　　　　　）　　彼の映画

9）un sueño（　　　　　　）　　彼女の夢

10）la vecina（　　　　　　）　　私たちの隣人

11）el caso（　　　　　　　）　　彼らの場合

12）la decisión（　　　　　　）　　君たちの決定

13）unos colegas（　　　　　　　）　　私の同僚

14）el informe（　　　　　　）　　君の報告書

15）unas propuestas（　　　　　　　）　　彼女の提案

16）una mentira（　　　　　　）　　彼らの嘘

17）una palabra（　　　　　）　　あなたの一言

18）las lágrimas（　　　　　）　　君の涙

19）el diccionario（　　　　　）　　私の辞書

20）las opiniones（　　　　　）　　あなた方の意見

❸ 日本語に合うように、所有代名詞を入れましょう。

例）mi coche y（*el suyo*）　私の車と彼の車

1）mi abuela y（　　　　　　　　）　　私の祖母と彼の祖母

2）sus canciones y（　　　　　　　）　　彼らの歌と私たちの歌

3）tus apuntes y（　　　　　　　）　　君の授業ノートと私の授業ノート

4）su mensaje y（　　　　　　　）　　彼女のメッセージと君のメッセージ

5）vuestros consejos y（　　　　　　　）　　君たちの助言と彼の助言

6）su moto y（　　　　　　）　　あなたのバイクと私のバイク

7）nuestro país y（　　　　　　　）　　私たちの国と君たちの国

8）mis zapatillas y（　　　　　　　）　　私のスニーカーと君のスニーカー

9）su aniversario y（　　　　　　　）　　彼らの記念日と私たちの記念日

10）tu cumpleaños y（　　　　　　　）　　君の誕生日と私の誕生日

❹ 日本語に合うように、適切な所有形容詞を入れましょう。

1）el asunto（　　　　　　　）　　私の問題

2）（　　　　　　　）dudas　　私たちの疑問

3）（　　　　　　　）guantes　　彼女の手袋

4）una charla（　　　　　　　）　　君のスピーチ

5）（　　　　　　　）proyectos　　彼らのプロジェクト

6 主格人称代名詞・ser / estar

[この課では便宜上、君：tú、あなた：usted、君たち：vosotros/vosotras、あなた方：ustedes という対応関係で解答してください。]

1 （ ）には指示された日本語に対応する主格人称代名詞を、[ ]には対応する **ser, estar** の直説法現在形を記入しましょう。

		ser	estar
1) 君	(	) [	] [	]
2) あなた	(	) [	] [	]
3) 彼ら	(	) [	] [	]
4) 私たち（男＋女）	(	) [	] [	]
5) 彼	(	) [	] [	]
6) 私	(	) [	] [	]
7) 彼女ら	(	) [	] [	]
8) 君たち（女）	(	) [	] [	]
9) あなた方	(	) [	] [	]
10) 彼女	(	) [	] [	]

2 日本語に合うように、**ser** を直説法現在形に活用させましょう。

1) Yo (　　　　　) de Barcelona.
   私はバルセロナ出身だ。

2) ¿(　　　　　) vosotros estudiantes?
   君たちは学生ですか？

3) El coche (　　　　　) del profesor.
   その車は先生のものです。

4) Josefa y yo (　　　　　) camareras.
   ホセファと私はウェイトレスです。

5) ¿Cómo (　　　　　) tus padres?
   君のご両親はどんな方ですか？

6) La fiesta (　　　　　) en el salón.
   パーティーはリビングで行われる。

7) Tú (　　　　　) muy guapa.
   君はとても美しい。

8) El examen (　　　　　) a las once.
   試験は11時に行われる。

9) ¿De dónde (　　　　　) ustedes?
   あなた方の出身はどちらですか？

10) Las camisas (　　　　　) de algodón.
    シャツは綿でできています。

3 日本語に合うように、**estar** を直説法現在形に活用させましょう。

1) Kyushu (　　　　　) en el sur de Japón.
九州は日本の南にある。

2) Los zapatos ya (　　　　　) muy viejos.
靴はもうとても古くなっている。

3) Nosotros (　　　　　) ahora en Toledo.
私たちは今トレドにいます。

4) La paella (　　　　　) muy rica, ¿verdad?
パエリアはとてもおいしいですね。

5) ¿Dónde (　　　　　) sus hijos?
あなたの息子さんたちはどこにいるのですか？

6) ¿Cómo (　　　　　) usted?
調子はいかがですか？

7) ¿Por qué (*vosotros*　　　　　) tan enfadados?
どうして君たちはそんなに怒っているのですか？

8) Ahora yo (　　　　　) de viaje.
私は今旅行中です。

9) ¿(*Tú*　　　　　) cansada?
君は疲れているの？

10) Mi piso (　　　　　) cerca de la estación.
私の（マンションの）部屋は駅の近くにあります。

4 日本語に合うように、**ser** または **estar** を直説法現在形に活用させましょう。

1) ¿De dónde (　　　　　) ustedes? — (　　　　　) de Santiago.
あなた方はどこの出身ですか？—サンティアゴの出身です。

2) ¿Dónde (　　　　　) tu pasaporte? — (　　　　　) en el bolsillo.
君のパスポートはどこですか？—ポケットの中ですよ。

3) ¿Cómo (　　　　　) Rodrigo? — (　　　　　) alto y delgado.
ロドリゴはどんな人ですか？—背が高くてやせています。

4) La reunión (　　　　　) mañana, ¿verdad? — Sí, (　　　　　) mañana, a las diez.
会合は明日ですよね？—ええ、明日の10時です。

5) ¿Cómo (*vosotros*　　　　　)? — Muy bien. Ahora (　　　　　) de vacaciones.
調子はどう？—とってもいいよ。今は休暇中なんだ。

6) ¿La niña (　　　　　) enferma? — No, pero (　　　　　) un poco cansada.
その子は病気なんですか？—いいえ、でもちょっと疲れているのです。

7) ¿Qué (　　　　　) tu novio? — (　　　　　) médico.
君の恋人は何をやっているの？—医者です。

8) ¿Quién (　　　　　) tu nuevo profesor? — (　　　　　) el profesor Martínez.
君の新しい先生は誰ですか？—マルティネス先生です。

9) ¿Qué tal (　　　　　) los tacos? — (　　　　　) muy buenos.
タコスの味はいかがですか？—とてもおいしいです。

10) ¿De quién (　　　　　) los zapatos? — (　　　　　) de mi hermano mayor.
靴は誰のですか？—私の兄のものです。

13

7

estar / hay / ser

1 日本語に合うように、**estar** の直説法現在形または **hay** を入れましょう。

1) En este pueblo (　　　　　) más turistas que habitantes.
   この村には住民より観光客のほうが多い。

2) Este diseño (　　　　　) muy de moda.
   このデザインはとても流行っている。

3) Hola, ¿qué tal (*tú*　　　　　)? — Regular.
   やあ、調子はどうだい？—まあまあだよ。

4) En Kioto (　　　　　) muchos templos y monumentos históricos.
   京都には多くの寺や歴史的建造物がある。

5) ¿(*Vosotros*　　　　　) ocupados hoy? — No tanto.
   （君たちは）今日は忙しいの？—それほどでもないよ。

6) ¿Dónde (　　　　　) los servicios? — (　　　　　) cerca de la recepción.
   トイレはどこですか？—受付の近くにあります。

7) ¿(　　　　　) revistas en la biblioteca? — Sí, (　　　　　) algunas. (　　　　　) en
   el segundo piso.
   図書館に雑誌はありますか？—ええ、いくつかあります。2階にあります。

8) ¿Qué (　　　　　) en la caja? — Nada especial. Solo (　　　　　) unos papeles.
   箱には何が入っていますか？—特に何も。数枚の紙が入っているだけです。

9) Tu padre ahora (　　　　　) en casa, ¿verdad? — No, (　　　　　) en la oficina.
   君のお父さんは今家にいるんだよね？—いいえ、オフィスにいますよ。

10) ¿(*Tú*　　　　　) dentro del bar? — No, (　　　　　) fuera.
    君はバルの中にいるの？—いや、外だよ。

2 日本語に合うように、カッコ内の選択肢から正しいものを選びましょう。

1) ¿Cuántos barrios (son / están / hay) en Tokio? — (Son / Están / Hay) veintitrés barrios.
   東京にはいくつの区がありますか？—23区あります。

2) ¿Dónde (es / está / hay) Hokkaido? — (Es / Está / Hay) al norte de Honshu.
   北海道はどこにありますか？—本州の北にあります。

3) ¿Cómo (son / están / hay) ustedes? — Muy bien, pero ahora (somos / estamos / hay) con
   mucho trabajo.
   調子はいかがですか？—とてもいいですが、今たくさん仕事を抱えているんです。

4) ¿Cómo (es / está / hay) tu profesor? — (Es / Está / Hay) muy amable con los estu-
   diantes.
   君の先生はどんな人ですか？—学生にとても優しい人です。

5) ¿(Sois / Estáis / Hay) cansados? — Sí, porque últimamente (somos / estamos / hay) muy ocupados.

君たちは疲れているのかい？―ええ、最近とても忙しいので。

6) ¿Dónde (son / están / hay) tus padres? — (Son / Están / Hay) en Sevilla.

君の両親はどこにいるのですか？―セビリアにいます。

7) ¿Qué (eres / estás / hay) de nuevo? — Nada en particular. (Soy / Estoy / Hay) muy bien.

何か変わったことでもあるかい？―特に何も。元気だよ。

8) Las playas de México (son / están / hay) bellas, ¿verdad? — Sí, en Cancún (son / están / hay) playas preciosas.

メキシコのビーチはきれいなんですよね？―ええ、カンクンには素晴らしいビーチがあります。

9) (Es / Está / Hay) una librería en estos grandes almacenes. (Es / Está / Hay) en el cuarto piso.

このデパートには本屋が1軒あります。4階にあります。

10) ¿De dónde (eres / estás / hay)? — (Soy / Estoy / Hay) chilena.

君はどこの出身ですか？―私はチリ人です。

③ 日本語に合うように、カッコ内に **ser, estar** の直説法現在形または **hay** を入れましょう。

1) ¿(　　　　　) algo en la nevera? — (　　　　　) frutas, verduras y unas cervezas.

冷蔵庫の中に何かありますか？―果物と野菜とビールが何本かあります。

2) ¿(*Vosotras*　　　　) enfermeras? — No, (　　　　　) médicas.

君たちは看護師ですか？―いいえ、私たちは医者です。

3) ¿Cómo (　　　　　) el gato? — (　　　　　) dormido.

猫はどうしていますか？―眠っています。

4) ¿Dónde (　　　　　) tu universidad? — (　　　　　) en el centro de la ciudad.

君の大学はどこにあるの？―町の中心にあります。

5) ¿De quién (　　　　　) los guantes? — (　　　　　) de mi niño.

手袋は誰のものですか？―私の子供のものです。

6) ¿Qué (　　　　　) en el cajón? — (　　　　　) unos lápices.

引き出しには何が入っていますか？―鉛筆が入っています。

7) ¿Qué (　　　　　) tu nuevo amigo? — (　　　　　) camarero.

君の新しい友達は何をやっているんだい？―ウェイターです。

8) ¿Cómo (　　　　　) las hermanas de José? — (　　　　　) muy simpáticas.

ホセの姉妹はどんな人たちですか？―とても感じがいいですよ。

9) ¿(　　　　　) servicios en esta tienda? — Sí, ahora (　　　　　) libres.

この店にトイレはありますか？―ええ、今は空いていますよ。

10) Hola, ¿qué (　　　　　)? — Bien, aunque (　　　　　) estresado.

やあ、調子はどうだい？―元気だよ。ストレスがたまっているけどね。

15

8 直説法現在

1 次の動詞をカッコ内の人称に合わせて直説法現在形に活用させましょう。

1) vivir（1複）   (   )
2) aprender（2単）(   )
3) viajar（1単）   (   )
4) tomar（3単）   (   )
5) comer（3複）   (   )
6) comprar（2複） (   )
7) escribir（1単） (   )
8) leer（2複）   (   )
9) llamar（3単）   (   )
10) trabajar（1複）(   )
11) llegar（2単）   (   )
12) abrir（2複）   (   )
13) escuchar（3単） (   )
14) vender（1複）   (   )
15) hablar（2複）   (   )
16) viajar（3複）   (   )
17) estudiar（1単） (   )
18) esperar（2単）   (   )
19) beber（3複）   (   )
20) coger（1単）   (   )

2 カッコ内の不定詞を直説法現在形に活用させましょう。

1) Nosotros (**estudiar**   ) español.
   私たちはスペイン語を勉強する。

2) María (**escribir**   ) una carta a su amiga.
   マリアは友達に手紙を書く。

3) Yo (**leer**   ) el periódico todas las mañanas.
   私は毎朝新聞を読む。

4) Luis (**trabajar**   ) en una cafetería.
   ルイスは喫茶店で働いている。

5) Ellos (**hablar**   ) inglés.
   彼らは英語を話す。

6) Mis amigos (**viajar**   ) por Europa.
   私の友人たちはヨーロッパを旅行する。

7) Yo (**tomar**   ) un café con leche.
   私はカフェラテを飲む。

8) A veces nosotros (**comer**   ) en un restaurante italiano.
   私たちは時々イタリアンレストランで食事をする。

9) Carmen (**vivir**   ) con su hermana.
   カルメンはお姉さんと一緒に住んでいる。

10) Tú siempre (**llegar**   ) tarde a clase.
    君はいつも授業に遅刻する。

3 次の動詞をカッコ内の人称に合わせて直説法現在形に活用させましょう。

1) pensar（2単）　　（　　　　　　　）　　11) poder（1複）　　（　　　　　　　）

2) repetir（1複）　　（　　　　　　　）　　12) volver（3単）　　（　　　　　　　）

3) dormir（2複）　　（　　　　　　　）　　13) cerrar（2単）　　（　　　　　　　）

4) pedir（3複）　　（　　　　　　　）　　14) empezar（2複）　　（　　　　　　　）

5) querer（1単）　　（　　　　　　　）　　15) sentir（3複）　　（　　　　　　　）

6) costar（3単）　　（　　　　　　　）　　16) encontrar（2単）　　（　　　　　　　）

7) contar（1単）　　（　　　　　　　）　　17) recordar（1複）　　（　　　　　　　）

8) jugar（2単）　　（　　　　　　　）　　18) morir（3単）　　（　　　　　　　）

9) perder（2単）　　（　　　　　　　）　　19) entender（2単）　　（　　　　　　　）

10) comenzar（1複）　　（　　　　　　　）　　20) seguir（3複）　　（　　　　　　　）

4 カッコ内の不定詞を直説法現在形に活用させましょう。

1) ¿A qué hora (**empezar**, *tú*　　　　　　　　) a estudiar?

　何時に勉強を始めますか？

2) ¿(**Poder**, *yo*　　　　　　　　) cerrar la ventana?

　窓を閉めてもいいですか？

3) Isabel (**pedir**　　　　　　　　) una cerveza al camarero.

　イサベルはウェイターにビールを頼む。

4) Vosotras (**repetir**　　　　　　　　) la frase dos veces.

　君たちは文を2度繰り返す。

5) Carlos y yo (**pensar**　　　　　　　　) ir a Argentina.

　カルロスと私はアルゼンチンに行こうと思っている。

6) Mi padre (**jugar**　　　　　　　　) al golf todos los domingos.

　私の父は毎週日曜日ゴルフをする。

7) ¿(**Querer**, *vosotros*　　　　　　　　) visitar el museo?

　君たちは美術館に行きたいの？

8) Ellos (**volver**　　　　　　　　) a las ocho.

　彼らは8時に戻ってくる。

9) Este camino (**seguir**　　　　　　　　) hasta la catedral.

　この道は大聖堂まで続いている。

10) Los niños (**dormir**　　　　　　　　) la siesta.

　子供たちは昼寝をする。

5 次の動詞をカッコ内の人称に合わせて直説法現在形に活用させましょう。

1) salir（1単）　（　　　　　　　）　6) caer（1単）　　　（　　　　　　　）
2) poner（2複）　（　　　　　　　）　7) saber（2複）　（　　　　　　　）
3) conocer（3複）（　　　　　　　）　8) dar（1単）　　（　　　　　　　）
4) traer（1単）　（　　　　　　　）　9) conducir（1単）（　　　　　　　）
5) hacer（3単）　（　　　　　　　）　10) ver（2単）　　（　　　　　　　）

6 カッコ内の不定詞を直説法現在形に活用させましょう。

1) Yo no（**saber**　　　　　　　）su nombre.
　私は彼の名前を知らない。
2) Mis padres（**dar**　　　　　　　）un paseo por el parque.
　私の両親は公園を散歩する。
3) Yo（**hacer**　　　　　　　）la cena para ustedes.
　私はあなた方のために夕食を作る。
4) ¿（**Conocer**, *vosotros*　　　　　　　）a la madre de José?
　君たちはホセのお母さんを知っていますか？
5) Yo（**ver**　　　　　　　）la televisión por la noche.
　私は夜テレビを見る。

7 次の動詞をカッコ内の人称に合わせて直説法現在形に活用させましょう。

1) variar（2単）　（　　　　　　　）　6) construir（2複）（　　　　　　　）
2) continuar（1複）（　　　　　　　）　7) actuar（3単）　（　　　　　　　）
3) destruir（3単）（　　　　　　　）　8) huir（3複）　　（　　　　　　　）
4) confiar（1単）　（　　　　　　　）　9) enviar（1複）　（　　　　　　　）
5) reunir（3単）　（　　　　　　　）　10) prohibir（1単）（　　　　　　　）

8 カッコ内の不定詞を直説法現在形に活用させましょう。

1)（**Enviar**　　　　　　　）un paquete por correo a mi nieto.
　私は孫に小包を郵送する。
2) El médico（**prohibir**　　　　　　　）fumar al enfermo.
　医者は患者の喫煙を禁じている。
3) Los campos de trigo（**continuar**　　　　　　　）hasta la carretera.
　小麦畑が街道まで続いている。
4) Esta empresa（**construir**　　　　　　　）un puente sobre el estrecho.
　この会社が海峡に橋をかける。
5) Nosotros（**confiar**　　　　　　　）en él.
　私たちは彼を信頼している。

⑨ 次の動詞をカッコ内の人称に合わせて直説法現在形に活用させましょう。

1) tener (3単) (　　　　　　　)　　6) decir (1複) (　　　　　　　)

2) venir (2単) (　　　　　　　)　　7) tener (3複) (　　　　　　　)

3) oír (1複) (　　　　　　　)　　8) ir (1複) (　　　　　　　)

4) decir (1単) (　　　　　　　)　　9) venir (2複) (　　　　　　　)

5) ir (2単) (　　　　　　　)　　10) oír (1単) (　　　　　　　)

⑩ カッコ内の不定詞を直説法現在形に活用させましょう。

1)（**Ir**　　　　　　　　　　）al cine esta noche.
私は今夜映画に行く。

2) Jorge y Miguel（**venir**　　　　　　　　　）a verte.
ホルヘとミゲルが君に会いに来る。

3) ¿No（**oír**　　　　　　　　）usted un ruido extraño?
変な音が聞こえませんか？

4) Antonio no（**decir**　　　　　　　　　）mentiras.
アントニオは嘘を言わない。

5)（**Tener**　　　　　　　　）un hermano.
私には兄が1人いる。

6) Mi hermano（**tener**　　　　　　　　　）veintiséis años.
私の兄は26歳です。

7) Ella（**venir**　　　　　　　　）aquí enseguida.
彼女はここにすぐにやって来る。

8)（**Ir**, *nosotros*　　　　　　　）a estudiar en la biblioteca.
図書館で勉強しよう。

9) Ellos no（**oír**　　　　　　　　）a sus padres.
彼らは親の言うことに耳を貸さない。

10) ¿No（**tener**, *vosotros*　　　　　　　）frío?
寒くないですか？

9 疑問文

1 例にならって、次の文が答えになるような疑問文を作りましょう。

例) *¿Hablas inglés?* — Sí, hablo inglés.　君は英語を話すの？—はい、話します。

1) — ¿(　　　　　　　　　　　　　　　　　　　　　)?

— Sí, cenamos en casa.　はい、家で夕食をとります。

2) — ¿(　　　　　　　　　　　　　　　　　　　　　)?

— Sí, quiero comprar un ordenador.　はい、コンピューターを買いたいです。

3) — ¿(　　　　　　　　　　　　　　　　　　　　　)?

— Sí, mi hijo vuelve muy tarde.　はい、私の息子はとても遅くに戻ります。

4) — ¿(　　　　　　　　　　　　　　　　　　　　　)?

— Sí, los niños juegan en el parque.　はい、子供たちは公園で遊びます。

5) — ¿(　　　　　　　　　　　　　　　　　　　　　)?

— Sí, tengo que salir ahora mismo.　はい、今すぐ出かけなければなりません。

6) — ¿(　　　　　　　　　　　　　　　　　　　　　)?

— No, no conozco España.　いいえ、スペインへは行ったことがありません。

7) — ¿(　　　　　　　　　　　　　　　　　　　　　)?

— No, Rafael no bebe vino.　いいえ、ラファエルはワインを飲みません。

8) — ¿(　　　　　　　　　　　　　　　　　　　　　)?

— No, no tenemos hambre.　いいえ、お腹はすいていません。

9) — ¿(　　　　　　　　　　　　　　　　　　　　　)?

— No, mis padres no están en México. Están en Chile.

いいえ、私の両親はメキシコにはいません。チリにいます。

10) — ¿(　　　　　　　　　　　　　　　　　　　　　)?

— No, ellos no son peruanos. Son colombianos.

いいえ、彼らはペルー人ではありません。コロンビア人です。

2 対話が成り立つように、適切な疑問詞を枠内から選んで入れましょう。

cómo, cuándo, cuál, cuántas, dónde, qué, quién

1) — ¿(　　　　　　　　　) es aquello?

— Es un hospital.　病院です。

2) — ¿(　　　　　　　　　) prepara la comida?

— Mi hermana.　妹です。

3) — ¿(　　　　　　　　　) está usted?

— Muy bien, gracias.　元気です、ありがとう。

4) — ¿(　　　　　　　　　) es tu dirección?

　　— Calle Goya, 20.　ゴヤ通り20番地です。

5) — ¿(　　　　　　　　　) horas estudias?

　　— Tres horas.　3時間です。

6) — ¿(　　　　　　　　　) jugáis al tenis?

　　— Después de la clase.　放課後です。

7) — ¿De （　　　　　　　　） sois?

　　— Somos de Valencia.　バレンシア出身です。

8) — ¿(　　　　　　　　　) empiezan las vacaciones?

　　— La semana que viene.　来週です。

9) — ¿(　　　　　　　　　) queréis pasar el verano?

　　— En Málaga.　マラガででです。

10) — ¿(　　　　　　　　　) es aquel chico?

　　— Es nuestro primo.　私たちのいとこです。

3 下線部を尋ねる疑問文を作りましょう。

1) Hago los deberes después de la comida.　私は食後に宿題をする。

　　→ ¿(　　　　　　　　　　　　　　　　　)?

2) Nuestro profesor es muy estricto.　私たちの先生はとても厳しい。

　　→ ¿(　　　　　　　　　　　　　　　　　)?

3) Pienso estar cinco días en Los Ángeles.　ロサンゼルスに5日間いるつもりだ。

　　→ ¿(　　　　　　　　　　　　　　　　　)?

4) Ellos llegan el martes.　彼らは火曜日に到着する。

　　→ ¿(　　　　　　　　　　　　　　　　　)?

5) La capital de Estados Unidos es Washington.　アメリカ合衆国の首都はワシントンだ。

　　→ ¿(　　　　　　　　　　　　　　　　　)?

6) Alfonso estudia en Madrid.　アルフォンソはマドリードで勉強している。

　　→ ¿(　　　　　　　　　　　　　　　　　)?

7) El hospital está cerca de la estación.　病院は駅の近くにあります。

　　→ ¿(　　　　　　　　　　　　　　　　　)?

8) Pensamos en el examen.　私たちは試験のことを考えている。

　　→ ¿(　　　　　　　　　　　　　　　　　)?

9) Ellas vienen con su padre.　彼女たちはお父さんと一緒に来る。

　　→ ¿(　　　　　　　　　　　　　　　　　)?

10) Este abrigo es mío.　このコートは私のです。

　　→ ¿(　　　　　　　　　　　　　　　　　)?

21

10 目的語・目的格人称代名詞

1 必要があれば前置詞 **a** をカッコ内に入れましょう。

1) Jesús no dice （　　　） la verdad.
2) No conozco （　　　） su hermano.
3) Visitamos （　　　） nuestro tío.
4) Tengo que lavar （　　　） el coche.
5) Él trae un regalo （　　　） su mujer.

2 下線部を直接目的格人称代名詞にかえて、文を書き換えましょう。

例）Leo el periódico.　私は新聞を読みます。　→　*Lo leo.*　私はそれを読みます。

1) No sabemos su nombre.　　　　　　　　→ ------------------------------
   私たちは彼の名前を知らない。
2) ¿Conoces a los padres de Fernando?　→ ------------------------------
   フェルナンドのご両親を君は知っているの？
3) Uso el ordenador todos los días.　　→ ------------------------------
   私は毎日コンピューターを使う。
4) Ellos miran un cuadro de Picasso.　→ ------------------------------
   彼らはピカソの絵を眺めている。
5) Respetamos a nuestra abuela.　　　　→ ------------------------------
   私たちは祖母を尊敬している。
6) ¿Dónde vas a comprar la ropa?　　　→ ------------------------------
   君は洋服をどこで買うつもりなの？
7) Vamos a cantar unas canciones japonesas.　→ ------------------------------
   日本の歌を歌いましょう。
8) Tenéis que estudiar español.　　　　→ ------------------------------
   君たちはスペイン語を勉強しないといけない。
9) Nuria tiene que esperar a sus amigas.　→ ------------------------------
   ヌリアは友達を待たなくてはならない。
10) Mi hermana quiere aprender francés.　→ ------------------------------
   私の妹はフランス語を習いたがっている。

3 下線部を目的格人称代名詞にかえて、文を書き換えましょう。

例）¿Me compras unas flores?　私に花を買ってくれる？
　→ *¿Me las compras?*　私にそれらを買ってくれる？

1) Le regalamos una corbata.　　　　　→ ------------------------------
   私たちは彼にネクタイをプレゼントする。

2) Javier nos enseña <u>inglés</u>.   →   --
   ハビエルは私たちに英語を教えてくれる。

3) Te doy <u>este libro</u>.   →   --
   君にこの本をあげる。

4) Ellos no me dicen <u>sus opiniones</u>.   →   --
   彼らは私に自分たちの意見を言わない。

5) Carmen manda <u>una novela</u> <u>a su amigo</u>.   →   --
   カルメンは友達に小説を送る。

6) Debes dejar <u>tu bicicleta</u> <u>a tu hermano</u>.   →   --
   君は自転車を弟に貸すべきだ。

7) Tenéis que enviarles <u>los documentos</u>.   →   --
   君たちは書類を彼らに送らなくてはならない。

8) Quiero escribir <u>una carta</u> <u>al profesor</u>.   →   --
   私は先生に手紙を書きたい。

9) Vamos a vender <u>las entradas</u> <u>a nuestros compañeros</u>.   →   --------------------------------
   私たちは仲間たちにチケットを売るつもりだ。

10) ¿Puede usted decirme <u>su dirección</u>?   →   --
   ご住所を教えていただけますか？

4 ［　］には目的格人称代名詞を、下線には適切な動詞を入れて、質問の答えを完成させましょう。

1) ―¿Llevas este diccionario a la universidad?　この辞書を大学に持っていくの？
  ―No, no ［　　　　　　］ _____.

2) ―¿Veis la televisión por la mañana?　午前中にテレビを見ますか？
  ―No, no ［　　　　　　］ _____ por la mañana.

3) ―¿Me oyes?　私の声が聞こえる？
  ―Sí, ［　　　　　　］ _____.

4) ―¿Me das tu número de teléfono?　君の電話番号を教えてくれる？
  ―Sí, ［　　　　　　］ ［　　　　　　］ _____.

5) ―¿Nos dejas tu cuaderno?　私たちに君のノートを貸してくれますか？
  ―Sí, ［　　　　　　］ ［　　　　　　］ _____.

6) ―¿Te enseña Sonia las fotos?　ソニアは君に写真を見せてくれるの？
  ―No, no ［　　　　　　］ ［　　　　　　］ _____.

7) ―¿Le llevas el paraguas a Pepe?　君はペペに傘を持っていくの？
  ―No, no ［　　　　　　］ ［　　　　　　］ _____.

8) ―¿Con quién visitáis el museo?　君たちは誰と美術館へ行くの？
  ― ［　　　　　　］ _____ con el profesor.

9) ―¿Dónde vas a colocar la cama?　どこにベッドを置くつもりなの？
  ― ［　　　　　　］ _____ a colocar junto a la ventana.

10) ―¿Quién os prepara la comida?　誰が君たちに食事を用意してくれるの？
  ― ［　　　　　　］ ［　　　　　　］ _____ nuestro hermano.

23

11

gustar 型動詞

1 ［　］には適切な目的格人称代名詞を、下線には動詞 **gustar** の活用形を入れましょう。

1) A mi hermano ［　　　］ _____ viajar.
   私の兄は旅行するのが好きです。
2) A mí ［　　　］ _____ los animales.
   私は動物が好きです。
3) A mis padres ［　　　］ _____ la música clásica.
   うちの両親はクラシック音楽が好きだ。
4) A nosotros ［　　　］ _____ el baloncesto.
   私たちはバスケットボールが好きです。
5) A Juana ［　　　］ _____ las frutas.
   フアナは果物が好きだ。
6) ¿A vosotros ［　　　］ _____ jugar al golf?
   君たちはゴルフをするのが好き？
7) ¿A ti no ［　　　］ _____ nadar?
   君は泳ぐのが好きじゃないの？
8) A Felipe no ［　　　］ _____ las verduras.
   フェリペは野菜が好きではない。
9) A mí ［　　　］ _____ la sangría.
   私はサングリアが好きです。
10) A Marta y a mí no ［　　　］ _____ el vino.
   マルタと私はワインが好きではない。

2 例にならって、相手の意見に賛成または反対する答えを作りましょう。

例) Me gusta el cine. — *A mí también. / A mí no.*
   私は映画が好きです。—私もです。／　私は好きではありません。
   No me gusta el fútbol. — *A nosotros tampoco. / A nosotros sí.*
   私はサッカーが好きではありません。—私たちもです。／　私たちは好きです。

1) A Susana le gusta bailar. — _____
   スサナは踊るのが好きです。—私は好きではありません。
2) Nos gusta el mar. — _____
   私たちは海が好きです。—私たちもです。
3) No me gustan los tomates. — _____
   私はトマトが好きではありません。—私もです。
4) A mi madre le gusta mucho cocinar. — _____
   私の母は料理するのが大好きです。—私の母もです。
5) A Rosa no le gustan los deportes. — _____
   ロサはスポーツが好きではありません。—私たちは好きです。

24

3 対話が成り立つように、カッコ内の不定詞を直説法現在形に活用させ、[ ] には適切な目的格人称代名詞を入れましょう。

1) 胃が痛いの？—うん、少し。
   — ¿Te (**doler**   ) el estómago?
   — Sí, [   ] (**doler**   ) un poco.

2) あなたたちはスペイン映画をどう思いますか？—面白いと思います。
   — ¿Qué [   ] (**parecer**   ) a ustedes las películas españolas?
   — Nos (**parecer**   ) interesantes.

3) ロベルトはベラスケスの絵に興味があるの？—はい、とても。
   — ¿A Roberto [   ] (**interesar**   ) las pinturas de Velázquez?
   — Sí, [   ] (**interesar**   ) mucho.

4) この小説どう思う？—つまらないと思う。
   — ¿Qué te (**parecer**   ) esta novela?
   — [   ] (**parecer**   ) aburrida.

5) 君はスキーをするのが好きなの？—ええ、大好き。
   — ¿Te (**gustar**   ) esquiar?
   — Sí, [   ] (**encantar**   ).

6) 少し待っていただいていいですか？—はい、構いませんよ。
   — ¿Le (**importar**   ) esperar un poco?
   — No, no [   ] (**importar**   ).

7) 外食するのは好きかい？—いや、あまり好きじゃないね。
   — ¿Os (**gustar**   ) comer fuera?
   — No, no [   ] (**gustar**   ) mucho.

8) 頭が痛いの？—いや、歯が痛いんだ。
   — ¿Te (**doler**   ) la cabeza?
   — No. [   ] (**doler**   ) las muelas.

9) 君の友達は日本文学に興味があるの？—そう、とても。
   — ¿A tus amigos [   ] (**interesar**   ) la literatura japonesa?
   — Sí, [   ] (**interesar**   ) mucho.

10) どうしたの？—足が痛くて。
   — ¿Qué te (**pasar**   )?
   — [   ] (**doler**   ) los pies.

25

再帰動詞

1 次の再帰動詞をカッコ内の人称に合わせて直説法現在形に活用させましょう。

1) llamarse (2単)	( )	11) ponerse (1単)	( )
2) bañarse (3単)	( )	12) afeitarse (3複)	( )
3) ducharse (2複)	( )	13) cortarse (2単)	( )
4) levantarse (3単)	( )	14) despertarse (3複)	( )
5) acostarse (1単)	( )	15) limpiarse (1単)	( )
6) sentarse (3単)	( )	16) peinarse (2単)	( )
7) mirarse (1単)	( )	17) vestirse (1単)	( )
8) casarse (2単)	( )	18) acostumbrarse (3単)	( )
9) lavarse (2複)	( )	19) alegrarse (2単)	( )
10) quitarse (1複)	( )	20) dedicarse (3複)	( )

2 カッコ内の再帰動詞を直説法現在形に活用させましょう。

1) ¿A qué hora (**levantar**se, *vosotras*   ) normalmente?
   君たちは普段何時に起きるの？

2) ¿Cómo (**llamar**se   ) usted?
   あなたのお名前は何ですか？

3) Mi hijo (**acostar**se   ) muy tarde.
   私の息子はとても遅くに寝る。

4) ¿(**Bañar**se, *tú*   ) después de cenar?
   君は夕食の後にお風呂に入るの？

5) (**Duchar**se   ) antes de desayunar.
   私は朝食の前にシャワーを浴びる。

6) Ellos (**sentar**se   ) en el sofá.
   彼らはソファーに座る。

7) Lola (**quitar**se   ) el abrigo.
   ロラはコートを脱ぐ。

8) El niño (**poner**se   ) el pijama.
   子供はパジャマを着る。

9) ¿A qué (**dedicar**se   ) usted?
   あなたのご職業は何ですか？

10) (**Alegrar**se   ) de verte.
    私たちは君に会えてうれしい。

3 次の再帰動詞をカッコ内の人称に合わせて直説法現在形に活用させましょう。

1) verse (3複)	( )	6) quererse (3複)	( )
2) escribirse (2複)	( )	7) ayudarse (1複)	( )

3) conocerse（1複）（　　　　　　　）　8) morirse（1単）　（　　　　　　　　）

4) irse（2単）　　（　　　　　　　）　9) dormirse（3複）　（　　　　　　　　）

5) marcharse（3複）（　　　　　　　）　10) quedarse（1単）　（　　　　　　　　）

4 カッコ内の再帰動詞を直説法現在形に活用させましょう。

1) Elena y yo（**ver**se　　　　　　　　　）una vez al mes.
　　エレナと私は月に1度会う。

2) Sonia y Pedro（**escribir**se　　　　　　　　　）de vez en cuando.
　　ソニアとペドロは時々手紙を書き合う。

3) Ellos（**querer**se　　　　　　　　　）mucho.
　　彼らはとても愛し合っている。

4) （**Morir**se　　　　　　　　　）de hambre.
　　私はお腹がすいて死にそうだ。

5) Nosotros（**ir**se　　　　　　　　　）porque ya es tarde.
　　もう遅いので、私たちは失礼します。

5 カッコ内の再帰動詞を適切な形にしましょう。

1) Ella va a（**casar**se　　　　　　　　　）con Antonio.
　　彼女はアントニオと結婚するつもりだ。

2) Voy a（**acostar**se　　　　　　　　　）temprano.
　　私は早く寝るつもりだ。

3) Podéis（**quedar**se　　　　　　　　　）en casa.
　　君たちは家に残っていい。

4) Todavía no puedo（**acostumbrar**se　　　　　　　　　）al nuevo ambiente.
　　私はまだ新しい環境に慣れることができない。

5) Tienes que（**peinar**se　　　　　　　　　）antes de salir.
　　出かける前に髪をとかさなければだめだよ。

6 下線部を目的格人称代名詞にかえて、文を書き換えましょう。

1) Tienes que lavarte las manos con jabón. →　-------------------------------------
　　君は石鹸で手を洗わなくてはいけない。

2) ¿Puedo ponerme la chaqueta?　　　→　-------------------------------------
　　上着を着てもいいですか？

3) ¿Cuándo vas a cortarte el pelo?　　→　-------------------------------------
　　いつ髪を切るつもりなの？

4) Quiero limpiarme los dientes.　　　→　-------------------------------------
　　私は歯を磨きたい。

5) Ustedes tienen que quitarse los zapatos. →　-------------------------------------
　　あなた方は靴を脱がなくてはいけません。

27

13

直説法現在完了

1 次の動詞を過去分詞（男性単数形）にしましょう。

1) estudiar	(	)	6) beber	(	)
2) venir	(	)	7) volver	(	)
3) abrir	(	)	8) comprar	(	)
4) vivir	(	)	9) poner	(	)
5) morir	(	)	10) ver	(	)

2 次の動詞をカッコ内の人称に合わせて直説法現在完了形に活用させましょう。

1) hacer (1単)	(	)	6) leer (3複)	(	)
2) dormir (1単)	(	)	7) romper (2単)	(	)
3) buscar (1複)	(	)	8) comer (2単)	(	)
4) escribir (3複)	(	)	9) decir (2複)	(	)
5) hablar (3単)	(	)	10) freír (1複)	(	)

3 カッコ内の不定詞を直説法現在完了形に活用させましょう。

1) El tren todavía no (**llegar**).
   電車はまだ到着していない。

2) ¿(**Leer**, *vosotros*) ya su libro?
   君たちはもう彼女の本を読みましたか？

3) Aún no (**escribir**) a Darío.
   私はまだダリオに手紙を書いていない。

4) Mis padres (**volver**) ya a casa.
   私の両親はもう家に帰ってきた。

5) Hoy (**comer**, *yo*) con Jorge.
   今日はホルへと食事をした。

6) Este mes nosotros (**trabajar**) mucho.
   今月、私たちはたくさん働いた。

7) Esta mañana lo (**ver**, *yo*) en la plaza.
   今朝、彼を広場で見かけた。

8) ¿(**Esquiar**, *tú*) alguna vez?
   君はスキーをしたことがありますか？

9) Nosotros (**estar**) dos veces en Granada.
   私たちは2度グラナダに行ったことがある。

10) Sebastián y yo (**hacer**) un viaje a Italia.
    セバスティアンと私はイタリアに旅行をしたことがある。

4 次の再帰動詞をカッコ内の人称に合わせて直説法現在完了形に活用させましょう。

1) levantarse（1単）（　　　　　　　　　）　　6) acostarse（1複）（　　　　　　　　　）

2) verse（2単）　　（　　　　　　　　　）　　7) ponerse（3単）　（　　　　　　　　　）

3) lavarse（3複）　（　　　　　　　　　）　　8) quitarse（2単）　（　　　　　　　　　）

4) quedarse（2複）（　　　　　　　　　）　　9) casarse（3複）　（　　　　　　　　　）

5) alegrarse（2単）（　　　　　　　　　）　 10) despertarse（3単）（　　　　　　　　　）

5 カッコ内の再帰動詞を直説法現在完了形に活用させましょう。

1) ¿A qué hora (**levantar**se, *tú*　　　　　　　　　) esta mañana?
　 今朝君は何時に起きたの？

2) Los niños ya (**acostar**se　　　　　　　　　).
　 子供たちはもう寝た。

3) (**Despertar**se　　　　　　　　　) por el sonido del teléfono.
　 私は電話の音で目が覚めた。

4) Mario (**lavar**se　　　　　　　　　) la cara con agua fría.
　 マリオは冷たい水で顔を洗った。

5) Dolores y Ramón (**casar**se　　　　　　　　　) este mes.
　 ドロレスとラモンは今月結婚した。

6) ¿Dónde (**conocer**se, *vosotros*　　　　　　　　　)?
　 君たちはどこで知り合ったの？

7) Ella (**dormir**se　　　　　　　　　) en una silla.
　 彼女はいすに座ったまま眠り込んでしまった。

8) Ellos (**ir**se　　　　　　　　　) ya.
　 彼らはもう行ってしまった。

9) (**Sentar**se　　　　　　　　　) a la mesa.
　 私は食卓についた。

10) Nosotros (**ayudar**se　　　　　　　　　) mutuamente.
　 私たちは互いに助け合った。

6 下線部を目的格人称代名詞にかえて、文を書き換えましょう。

1) Me he cortado el pelo.　　　　　→　------------------------------------
　 私は髪を切った。

2) Encarna se ha puesto la falda roja. →　------------------------------------
　 エンカルナは赤いスカートをはいた。

3) Ellos se han quitado los zapatos.　→　------------------------------------
　 彼らは靴を脱いだ。

4) ¿Te has limpiado los dientes?　　→　------------------------------------
　 君は歯を磨いたの？

5) Clara se ha pintado los labios.　　→　------------------------------------
　 クララは口紅をつけた。

14 直説法点過去

1 次の動詞をカッコ内の人称に合わせて直説法点過去形に活用させましょう。

1) hablar（1単） （　　　　　　　　） 　11) pensar（2単） （　　　　　　　　）
2) llegar（1単） （　　　　　　　　） 　12) cerrar（3複） （　　　　　　　　）
3) vivir（3複） （　　　　　　　　） 　13) entender（1複） （　　　　　　　　）
4) tomar（3単） （　　　　　　　　） 　14) volver（2単） （　　　　　　　　）
5) empezar（1単） （　　　　　　　　） 　15) jugar（2複） （　　　　　　　　）
6) bailar（2複） （　　　　　　　　） 　16) comer（2複） （　　　　　　　　）
7) escribir（1単） （　　　　　　　　） 　17) buscar（1単） （　　　　　　　　）
8) esperar（1複） （　　　　　　　　） 　18) beber（2単） （　　　　　　　　）
9) oír（3単） （　　　　　　　　） 　19) llamar（1単） （　　　　　　　　）
10) ver（3複） （　　　　　　　　） 　20) leer（3複） （　　　　　　　　）

2 カッコ内の不定詞を直説法点過去形に活用させましょう。

1) El avión (**llegar**　　　　　　　　) a las tres y media.
　飛行機は3時半に到着した。

2) Picasso (**nacer**　　　　　　　　) en 1881.
　ピカソは1881年に生まれた。

3) Nosotros (**vivir**　　　　　　　　) dos años en Lima.
　私たちは2年間リマに住んだ。

4) Ayer (**ver**, *yo*　　　　　　　　) a Luis en la estación.
　昨日駅でルイスを見た。

5) ¿Te (**gustar**　　　　　　　　) esa película?
　君はその映画が気に入りましたか？

6) ¿(**Oír**, *tú*　　　　　　　　) ese ruido?
　君はその音を聞いたの？

7) ¿Quién (**cerrar**　　　　　　　　) la puerta?
　誰がドアを閉めたの？

8) El precio de los alimentos (**subir**　　　　　　　　) mucho.
　食品の値段がとても上がった。

9) Nosotros (**leer**　　　　　　　　) todo el libro.
　私たちはその本を全部読んだ。

10) El concierto (**empezar**　　　　　　　　) a las cinco.
　コンサートは5時に始まった。

3 次の動詞をカッコ内の人称に合わせて直説法点過去形に活用させましょう。

1) pedir（3単）　（　　　　　）　　11) saber（3単）　（　　　　　）
2) venir（1複）　（　　　　　）　　12) tener（2複）　（　　　　　）
3) ser（3単）　　（　　　　　）　　13) servir（3複）　（　　　　　）
4) repetir（3複）（　　　　　）　　14) querer（3単）　（　　　　　）
5) dormir（2複）（　　　　　）　　15) decir（2複）　（　　　　　）
6) traer（2単）　（　　　　　）　　16) morir（3単）　（　　　　　）
7) estar（1単）　（　　　　　）　　17) conducir（1単）（　　　　　）
8) hacer（3単）　（　　　　　）　　18) poder（2単）　（　　　　　）
9) poner（1複）　（　　　　　）　　19) ir（2複）　　　（　　　　　）
10) dar（1単）　　（　　　　　）　　20) seguir（1単）　（　　　　　）

4 カッコ内の不定詞を直説法点過去形に活用させましょう。

1) ¿Qué（**hacer**, *vosotros*　　　　　　）el sábado pasado?
　君たちは先週の土曜日何をしましたか？
2) Ayer（**ir**　　　　　　）al cine con Manuel.
　昨日私はマヌエルと映画に行った。
3) La semana pasada ellos（**venir**　　　　　　）a verme.
　先週彼らは私に会いに来た。
4) ¿Cuándo（**saber**, *tú*　　　　　　）esa noticia?
　君はいつそのニュースを知ったの？
5) Yo no le（**decir**　　　　　　）nada.
　私は彼に何も言わなかった。
6) La niña（**pedir**　　　　　　）un regalo a su madre.
　女の子は母親にプレゼントを頼んだ。
7) El camarero me（**servir**　　　　　　）un café.
　ウェイターは私にコーヒーを出してくれた。
8) Cristina（**traducir**　　　　　　）la carta al inglés.
　クリスティナは手紙を英語に訳した。
9) Nosotros（**estar**　　　　　　）diez días en Madrid.
　私たちは10日間マドリードにいた。
10)（**Sentir**　　　　　　）un dolor en la pierna.
　私は脚に痛みを感じた。

31

5 次の動詞をカッコ内の人称に合わせて直説法点過去形に活用させましょう。

1) escuchar（1単）	( )	11) dar（2単）	( )
2) viajar（2複）	( )	12) venir（3単）	( )
3) querer（1複）	( )	13) estudiar（1複）	( )
4) leer（3単）	( )	14) pedir（1単）	( )
5) llegar（1複）	( )	15) ir（2複）	( )
6) dormir（1単）	( )	16) estar（1複）	( )
7) poner（2単）	( )	17) abrir（1単）	( )
8) ser（2複）	( )	18) seguir（2単）	( )
9) hacer（1単）	( )	19) tener（2単）	( )
10) salir（3単）	( )	20) nacer（3複）	( )

6 カッコ内の不定詞を直説法点過去形に活用させましょう。

1) Mis nietos me (**traer**) un recuerdo.
   孫たちがお土産を持ってきてくれた。

2) Le (**dar**) mil yenes a mi hijo.
   私は息子に千円渡した。

3) ¿Cuántos años (**vivir**, *vosotros*) en Nueva York?
   君たちはニューヨークに何年間暮らしたの？

4) ¿Cuándo (**aprender**, *tú*) a nadar?
   君はいつ泳げるようになったの？

5) Les (**entregar**) los folletos.
   私は彼らにパンフレットを渡した。

6) Anoche no (**poder**, *yo*) dormir bien.
   昨夜はよく眠れなかった。

7) ¿(**Hablar**, *vosotros*) en español con sus amigos?
   君たちは彼の友達とスペイン語で話したの？

8) La alumna (**repetir**) la pregunta.
   生徒は質問を繰り返した。

9) Muchos jóvenes (**morir**) en la guerra.
   多くの若者が戦争で亡くなった。

10) Ellas (**comprar**) una casa el año pasado.
    彼女たちは昨年家を買った。

7 次の再帰動詞をカッコ内の人称に合わせて直説法点過去形に活用させましょう。

1) levantarse（2単）（　　　　　　　　　）　6) verse（3複）　　　（　　　　　　　　　）

2) acostarse（1単）　（　　　　　　　　　）　7) ponerse（2単）　　（　　　　　　　　　）

3) lavarse（3複）　　（　　　　　　　　　）　8) quitarse（1単）　　（　　　　　　　　　）

4) quedarse（2複）　（　　　　　　　　　）　9) casarse（1複）　　（　　　　　　　　　）

5) alegrarse（1複）　（　　　　　　　　　）　10) despertarse（3単）（　　　　　　　　　）

8 カッコ内の再帰動詞を直説法点過去形に活用させましょう。

1) Ayer (**levantar**se　　　　　　　　　　　) muy temprano.
昨日私はとても早く起きた。

2) Ella (**acostar**se　　　　　　　　　　　) a las doce.
彼女は12時に寝た。

3) (**Conocer**se　　　　　　　　　　　　) en la fiesta del domingo.
私たちは日曜日のパーティーで知り合った。

4) Enrique (**lavar**se　　　　　　　　　　) el pelo con el nuevo champú.
エンリケは新しいシャンプーで髪を洗った。

5) Jaime y Raúl (**casar**se　　　　　　　　　) el mes pasado.
ハイメとラウルは先月結婚した。

6) Vosotras (**sentar**se　　　　　　　　　) en el suelo.
君たちは床に座った。

7) Rebeca (**poner**se　　　　　　　　　　) los zapatos negros.
レベカは黒い靴をはいた。

8) (**Marchar**se, *tú*　　　　　　　　　) de Barcelona el miércoles pasado.
君は先週の水曜日にバルセロナを発った。

9) La madre (**enfadar**se　　　　　　　　　) mucho con su hija.
お母さんは娘に対してとても腹を立てた。

10) Ellas (**ayudar**se　　　　　　　　　) mutuamente.
彼女たちは互いに助け合った。

33

15

直説法線過去

1 次の動詞をカッコ内の人称に合わせて直説法線過去形に活用させましょう。

1) estudiar (1単)	( )	11) hacer (3複)	( )
2) dormir (2複)	( )	12) venir (2複)	( )
3) leer (3単)	( )	13) decir (2単)	( )
4) ir (2単)	( )	14) poder (3単)	( )
5) tener (3複)	( )	15) estar (1複)	( )
6) vivir (2複)	( )	16) trabajar (1単)	( )
7) hablar (3単)	( )	17) querer (1単)	( )
8) pensar (1複)	( )	18) ser (1複)	( )
9) ver (1複)	( )	19) ponerse (2単)	( )
10) escribir (1複)	( )	20) levantarse (3単)	( )

2 カッコ内の不定詞を直説法線過去形に活用させましょう。

1) Cuando (**ser**) niño, no me (**gustar**) la leche.
   子供の頃私はミルクが嫌いだった。

2) Paco (**estudiar**) tres horas todos los días.
   パコは毎日3時間勉強していた。

3) Nosotros (**ir**) a la escuela en autobús.
   私たちはバスで学校へ通っていた。

4) Los domingos ellos (**jugar**) al tenis.
   彼らは毎週日曜日テニスをしていた。

5) Antes mi padre (**fumar**) mucho.
   以前私の父はたばこをよく吸っていた。

6) De joven yo (**ver**) muchas películas.
   若い頃私はよく映画を見ていた。

7) No (**haber**) nadie en casa.
   家には誰もいなかった。

8) Él también (**querer**) venir conmigo.
   彼も私と一緒に来たがっていた。

9) El banco (**estar**) cerrado.
   銀行は閉まっていた。

10) Mis amigos me (**esperar**) en la estación.
    友人たちは駅で私を待っていた。

❸ （　）の動詞は点過去形、［　］の動詞は線過去形に活用させましょう。

1) ［**Ser**　　　　　　　］ las nueve de la noche cuando (**volver**　　　　　　) a casa.
私が家に帰ったのは夜の9時だった。

2) Yo ［**duchar**se　　　　］ cuando (**ocurrir**　　　　　　) el terremoto.
地震が起きたとき、私はシャワーを浴びていた。

3) Vicente (**decir**　　　　　) que ［**tener**　　　　　　］ dolor de cabeza.
ビセンテは頭が痛いと言った。

4) Yo ［**creer**　　　　　　］ que ella ［**vivir**　　　　　　］ con su familia.
私は彼女が家族と一緒に住んでいるのだと思っていた。

5) Cuando tú me (**llamar**　　　　　)、yo ［**estar**　　　　　］ muy ocupada.
君が電話をかけてきたとき、私はとても忙しかった。

6) Le (**preguntar**　　　　) dos veces, pero no me (**contestar**　　　　).
私は彼に2度質問したが、彼は答えなかった。

7) Ella ［**tener**　　　　　］ veinte años cuando (**casar**se　　　　).
彼女は結婚したとき、20歳だった。

8) Lo (**buscar**　　　　) por todas partes, pero no lo (**encontrar**　　　　).
私はそこらじゅうを探したが、それは見つからなかった。

9) Cuando nosotros ［**ser**　　　　］ niños, ［**jugar**　　　　　］ al béisbol todos los días.
私たちは子供の頃毎日野球をしていた。

10) Ayer Elvira no (**poder**　　　　) ir al trabajo porque ［**tener**　　　　　］ fiebre.
昨日エルビラは熱があったので、仕事に行けなかった。

❹ a)の動詞は点過去形、b)の動詞は線過去形に活用させましょう。

1) a) Ayer (**jugar**　　　　　) en el parque con mis amigos.
私は昨日公園で友達と遊んだ。
b) Todos los sábados (**jugar**　　　　　) en el parque.
私たちは毎週土曜日公園で遊んでいた。

2) a) Anoche (**acostar**se　　　　) a la una.
私は昨夜1時に寝た。
b) Cuando era pequeña, yo (**acostar**se　　　　) a las nueve.
小さい頃は9時に寝ていた。

3) a) (**Tener**, *yo*　　　　) que ir en taxi porque ya no había autobús.
もうバスがなかったので、タクシーで行かなければならなかった。
b) Me quedé en casa porque (**tener**　　　　) que cuidar de mi hermano.
弟の面倒を見ないといけなかったので、家にいた。

35

不定語・否定語

1 日本語に合うように、適切な不定語を枠内から選んで入れましょう。必要に応じて適切な形にしてください。

todo, casi, cada, poco, un poco, mismo, ambos, otro, mucho, cualquier, también

1) Puedes venir a (　　　　　) hora.　　　　　いつ来てもいいよ。

2) Hay (　　　　　) libros en la mesa.　　　　テーブルにはたくさん本があります。

3) María toma (　　　　　) leche.　　　　　　マリアはたくさんミルクを飲みます。

4) José trabaja (　　　　　).　　　　　　　　ホセはよく（＝たくさん）働く。

5) Hay (　　　　　) libros.　　　　　　　　　少し本がある。

6) Hay (　　　　　) casas.　　　　　　　　　少ししか家がない。

7) Isabel está (　　　　　) cansada.　　　　　イサベルは少し疲れている。

8) Kei habla (　　　　　) de español.　　　　ケイはスペイン語を少し話す。

9) Me gusta (　　　　　).　　　　　　　　　　私は何でも好きです。

10) (　　　　　) trabajan mucho.　　　　　　みんなよく働く。

11) Luis trabaja (　　　　　) el día.　　　　　ルイスは一日中働く。

12) Teresa trabaja (　　　　　) los días.　　　テレサは毎日働く。

13) Vivo en la (　　　　　) calle que Nuria.　私はヌリアと同じ通りに住んでいる。

14) (　　　　　) vez ocurre un accidente.　　また事故が起こります。

15) No me gusta este bar. Vamos a (　　　　　).　私はこのバルは好きじゃない。他へ行こう。

16) (　　　　　) coches son bonitos.　　　　　どちらの車もすてきです。

17) (　　　　　) uno hace lo que quiere.　　　各々したいことをする。

18) Dolores viene (　　　　　) día a verme.　ドロレスは毎日私に会いに来る。

19) Carmen es española y Alicia (　　　　　).　カルメンはスペイン人で、アリシアもです。

20) La comida está (　　　　　) preparada.　料理はほとんど準備できている。

2 日本語に合うように、適切な否定語を枠内から選んで入れましょう。必要に応じて適切な形にしてください。

nada, ninguno, nadie, nunca, tampoco, ni

1) No viene (　　　　　).
　　誰も来ない。

2) Patricia (　　　　　) come carne.
　　パトリシアは決して肉を食べない。

3) María no es mexicana y Maite (　　　　　).
　　マリアはメキシコ人ではありませんし、マイテもそうではありません。

4) Matilde no toma café (　　　　　) té.

マティルデはコーヒーも紅茶も飲まない。

5) (　　　　　　) de mis compañeros vive solo.

私の仲間で一人暮らしをしている人はいない。

6) Mi hija no me cuenta (　　　　　).

娘は何も話してくれない。

7) No sabemos (　　　　　) del asunto.

私たちはその件について何も知りません。

8) No he recibido (　　　　　) llamada.

私は1本も電話を受けていません。

9) Todavía no han llegado (　　　　　) Ana (　　　　　) José.

アナもホセもまだ到着していない。

10) No hay (　　　　　) problema.

何の問題もありません。

❸ 日本語に合うように、適切な不定語または否定語を入れましょう。

1) ¿Hay (　　　　　) posibilidad? — No, no hay (　　　　　) posibilidad.

何か可能性がありますか？—いいえ、全く可能性はありません。

2) ¿Hay (　　　　　) libro? — No, no hay (　　　　　) libro.

何か本がありますか？—いいえ、1冊もありません。

3) ¿Cuántas mantas hay? — Hay (　　　　　).

毛布は何枚ありますか？—たくさんあります。

4) ¿Vino (　　　　　) ? — No, no vino (　　　　　).

誰か来ましたか？—いいえ、誰も来ませんでした。

5) ¿Viene (　　　　　) de tus amigos? — No, no viene (　　　　　).

君の友達のうちの誰か来ますか？—いいえ、誰も来ません。

6) ¿Vas a comprar (　　　　　) ? — No, no voy a comprar (　　　　　).

何か買うつもりですか？—いいえ、何も買いません。

7) ¿Has visto (　　　　　) de estas películas? — No, no he visto (　　　　　).

これらの映画のうちのどれかを見たことがある？—いいえ、1本もないな。

8) ¿Hay una cafetería por aquí? — No, no hay (　　　　　) por aquí.

このあたりに喫茶店はありますか？—いいえ、このあたりには1軒もありません。

9) María, ¿tú fumas? — No. ¿Y tú? — Yo (　　　　　).

マリア、君はたばこを吸うの？—いいえ。あなたは？—僕も吸わない。

10) ¿Había (　　　　　) gente en la fiesta? — No. Había muy (　　　　　) gente.

パーティーにはいっぱい人がいた？—いや。すごく少なかったよ。

17

ser 受身

1 カッコ内の不定詞を適切な過去分詞にして、受身の文にしましょう。

1) Esta opinión es (**compartir**   ) por los autores del informe.

この意見は報告書の作者たちに共有されている。

2) Esa tecnología es (**conocer**   ) como ETC.

その技術は ETC として知られている。

3) El palacio ha sido (**ocupar**   ) por el ejército.

宮殿は軍隊によって占拠された。

4) La joven fue (**trasladar**   ) en una ambulancia.

その若者は救急車で運ばれた。

5) El rey fue (**recibir**   ) por el presidente del Parlamento.

王は議長によって迎えられた。

6) Algunos de estos proyectos fueron (**realizar**   ) por nuestros colaboradores.

これらの計画のいくつかは私たちの協力者によって実現された。

7) La política fue (**elegir**   ) "Persona del Año" por este periódico.

その政治家はこの新聞によって"パーソン・オブ・ザ・イヤー"に選ばれた。

8) La actriz fue (**encontrar**   ) muerta en su apartamento de Nueva York.

その俳優はニューヨークの彼女のアパートで死んでいるのが見つかった。

9) 5.356 personas fueron (**atender**   ) por la Cruz Roja.

5,356人の人が赤十字によって手当を受けた。

10) Esta cueva fue (**descubrir**   ) por un niño.

この洞窟はある子供によって発見された。

2 次の能動文が **ser** を用いた受身の文になるように、カッコ内に適切な過去分詞を入れましょう。

1) La profesora ha corregido los exámenes.

先生は試験を採点した。

→ Los exámenes han sido (   ) por la profesora.

2) Mi abuela ha preparado la cena.

祖母は夕食を用意した。

→ La cena ha sido (   ) por mi abuela.

3) El comité ha aceptado mi sugerencia.

委員会は私の提案を受け入れた。

→ Mi sugerencia ha sido (   ) por el comité.

4）El Papa recibió a la presidenta.

　　法王は大統領を迎えた。

　　→ La presidenta fue（　　　　　　　　）por el Papa.

5）Unos vecinos descubrieron al hombre.

　　隣人たちがその男性を発見した。

　　→ El hombre fue（　　　　　　　　）por unos vecinos.

6）El gobierno rechazó la propuesta.

　　政府はその提案を拒絶した。

　　→ La propuesta fue（　　　　　　　　）por el gobierno.

7）Mateo escribió esta carta.

　　マテオがこの手紙を書いた。

　　→ Esta carta fue（　　　　　　　　）por Mateo.

8）El técnico arregló el ordenador.

　　技術者がコンピューターを修理した。

　　→ El ordenador fue（　　　　　　　　）por el técnico.

9）Comparten la opinión muchos de los candidatos.

　　候補者の多くはその意見を共有している。

　　→ La opinión es（　　　　　　　　）por muchos de los candidatos.

10）Todos consideran la situación actual de este país como una situación crítica.

　　すべての人がこの国の現状は危機的状況だと考えている。

　　→La situación actual de este país es（　　　　　　　　）por todos como una situación crítica.

3　次の受身の文を能動文に書き換えましょう。

1）Este mes su biografía ha sido publicada por esta editorial.

　　今月彼の伝記がこの出版社から出版された。

　　→

2）El coche ha sido reparado por el mecánico.

　　車は修理工の手で直された。

　　→

3）Esta escuela fue fundada por el señor Gómez.

　　この学校はゴメス氏によって設立された。

　　→

4）Las casas fueron destruidas por el terremoto.

　　家屋は地震で壊された。

　　→

5）Los invitados fueron recibidos por la embajadora.

　　招待客は大使に迎えられた。

　　→

18

再帰受身

1 カッコ内の不定詞を指示された時制で活用させ、**se** を用いた受身の文にしましょう。

1) Se (**solucionar** 現在完了　　　　　　　　　) todos los problemas.
   すべての問題が解決した。

2) Se (**fabricar** 現在　　　　　　　　　) automóviles en esta fábrica.
   この工場では自動車が製造されている。

3) Se (**ver** 線過去　　　　　　　　) muchas estrellas desde la terraza.
   テラスからはたくさんの星が見えた。

4) Se (**firmar** 点過去　　　　　　　) el tratado de paz entre los dos países.
   2国間で平和条約が調印された。

5) De repente se (**abrir** 点過去　　　　　　　) la puerta.
   突然ドアが開いた。

6) Estos muebles se (**enviar** 現在　　　　　　　) por barco.
   これらの家具は船便で送られる。

7) Entre los alumnos se (**usar** 現在　　　　　　　) mucho este diccionario.
   生徒たちの間ではこの辞書がよく使われている。

8) Se (**construir** 点過去　　　　　　　) un puente que comunica la ciudad con la isla.
   町と島を結ぶ橋が建設された。

9) No se (**tomar** 点過去　　　　　　　) las medidas suficientes contra tifones.
   十分な台風対策は取られなかった。

10) Este champú se (**vender** 現在　　　　　　　) mucho.
    このシャンプーはよく売れている。

2 次の能動文が **se** を用いた受身の文になるように、カッコ内に適切な動詞を入れましょう。

例) En España beben mucho vino.　スペインではワインをたくさん飲む。
   → En España se (*bebe*) mucho vino.　スペインではワインがたくさん飲まれる。

1) En Uruguay comen mucha carne.
   ウルグアイでは肉をたくさん食べる。
   → En Uruguay se (　　　　　　　) mucha carne.

2) Necesitamos dos intérpretes.
   私たちは通訳を2人必要としている。
   → Se (　　　　　　) dos intérpretes.

3) Celebramos las exposiciones en Madrid y Barcelona.
   私たちはマドリードとバルセロナで展覧会を開催する。
   → Se (　　　　　　) las exposiciones en Madrid y Barcelona.

4）En ese hotel no admiten mascotas.

そのホテルではペットを受け入れていない。

→ En ese hotel no se（　　　　　　　　）mascotas.

5）Hemos preparado todos los ingredientes.

私たちは材料を全部用意した。

→ Se（　　　　　　　　）todos los ingredientes.

6）Ellos han revelado un secreto de Estado.

彼らは国家機密を暴いた。

→ Se（　　　　　　　　）un secreto de Estado.

7）Este mes ellos han elegido nuevo alcalde.

今月彼らは新しい市長を選出した。

→ Este mes se（　　　　　　　　）nuevo alcalde.

8）Analizaron detalladamente los resultados de las elecciones.

選挙結果が詳しく分析された。

→ Se（　　　　　　　　）detalladamente los resultados de las elecciones.

9）Esta empresa construyó una nueva autopista.

この会社が新しい高速道路を建設した。

→ Se（　　　　　　　　）una nueva autopista.

10）Antes usábamos los teléfonos públicos.

以前は公衆電話を使っていた。

→ Antes se（　　　　　　　　）los teléfonos públicos.

3　次の受身の文を、カッコ内の主語を用いて能動文に書き換えましょう。

1）Se alquilan habitaciones.　（ellos）

部屋が貸し出されている。

→

2）En esta zona se produce más maíz que antes.　（ellos）

この地域では以前よりトウモロコシがたくさん栽培されている。

→

3）Se apagó la luz.　（la madre）

明かりが消された。

→

4）Se canceló el concierto.　（la cantante）

コンサートはキャンセルされた。

→

5）Se aprobó la nueva ley.　（ellos）

新しい法が承認された。

→

19 不定人称文

1. 日本語に合うように、カッコ内の不定詞を指示された時制で活用させましょう。

  1) ¿Por dónde se (**ir** 現在   ) a la estación de Kioto?
    京都駅にはどう行きますか？

  2) ¿Conoces este restaurante mexicano? Aquí se (**comer** 現在   ) muy bien.
    このメキシコ・レストラン知ってる？　ここはすごくおいしいよ。

  3) ¿Por qué (**pagar** 現在   ) tan bien en esta empresa?
    どうしてこの企業ではそんなに給料がいいんですか？

  4) Últimamente se (**hablar** 現在   ) mucho de China.
    最近、中国のことがよく話題になる。

  5) (**Llamar** 現在   ) a la puerta. ¿Quién será?
    誰かノックしている。誰だろう？

  6) ¿Se (**poder** 現在   )? — Adelante.
    入っていいですか？—どうぞ。

  7) ¿Te (**suspender** 現在完了   ) en el examen?
    君は試験に落ちたの？

  8) En el campo se (**oír** 現在   ) a los pájaros cantar.
    野原では小鳥の歌う声が聞こえる。

  9) ¿Cuánto tiempo se (**tardar** 現在   ) de aquí a la estación?
    — Se (**tardar** 現在   ) unos diez minutos a pie.
    ここから駅までどのくらいかかりますか？—歩いて10分ぐらいかかります。

  10) Si no pagas la cuota, te (**quitar** 現在   ) la licencia.
    会費を払わないと、許可証を取り上げられるよ。

  11) (**Decir** 現在   ) que va a bajar la temperatura.
    気温が下がるそうだ。

  12) Me (**robar** 点過去   ) la cámara, el reloj, el dinero, las tarjetas..., todo.
    カメラ、時計、お金、カード…、全部を盗られた。

  13) No se (**deber** 現在   ) tratar a los perros así.
    そんなふうに犬を扱うべきではない。

  14) (**Estar** 現在   ) construyendo un nuevo edificio al lado de nuestro piso.
    うちのマンションの隣に新しい建物が建てられている。

  15) En este país se (**respetar** 現在   ) mucho a los antepasados.
    この国では先祖が大変敬われる。

2 日本語に合うように、カッコ内の選択肢から正しいものを選びましょう。

1) (Se te ha llamado / Te han llamado) esta tarde.
今日の午後君に電話があったよ。

2) No (se puede / pueden) entrar aquí con los zapatos puestos.
ここは土足禁止です。

3) Por esta calle (se llega / llegan) antes.
この道のほうが早く着きます。

4) (Se vive / Viven) muy bien en esta ciudad.
この町は暮らしやすい。

5) (Se me llama / Me llaman) "Chiqui".
私は「チキ」と呼ばれている。

6) Cada vez (se lee / leen) menos.
だんだん本が読まれなくなってきている。

7) (Se le regaló / Le regalaron) una pulsera.
彼女はブレスレットをもらった。

8) (Se dice / Dicen) que soy demasiado optimista.
私は楽観的すぎると言われる。

9) Ayer (se nos trajo / nos trajeron) un paquete.
昨日小包が届いた。

10) Lamentablemente, en la sociedad actual ya no (se ayuda / ayudan) mucho a los demás.
残念なことに、現代社会ではもはやあまり他人を助けない。

20 無主語文

1 日本語に合うように、カッコ内の不定詞を指示された時制で活用させましょう。

1) (**Haber** 線過去　　　　　　　　　) muchos restaurantes cerca de la estación.
　駅のそばにはレストランがたくさんあった。

2) ¿Qué hora (**ser** 現在　　　　　　　)? ― (**Ser** 現在　　　　　　　) la una y diez.
　何時ですか？―1時10分です。

3) (**Ser** 現在　　　　　　　) las dos y cuarto.
　2時15分です。

4) Cuando llegué a casa, (**ser** 線過去　　　　　　　) las once y media de la noche.
　私が帰宅したとき、夜の11時半でした。

5) (**Hacer** 現在　　　　　　　) cuatro meses que vivo en esta ciudad.
　私はこの町に住んで4ヶ月になります。

6) ¿Cuánto tiempo (**hacer** 現在　　　　　　　) que esperas el autobús?
　どのくらい前から君はバスを待っているの？

7) ¿Cuántos años (**hacer** 現在　　　　　　　) que Pablo llegó a Japón?
　パブロが日本に来て何年になりますか？

8) Estudiamos español desde (**hacer** 現在　　　　　　　) cinco meses.
　私たちは5ヶ月前からスペイン語を勉強しています。

9) Mis padres murieron (**hacer** 現在　　　　　　　) diecisiete años.
　両親は17年前に亡くなった。

10) (**Llover** 現在　　　　　　　) mucho, ¿verdad?
　よく雨が降るね。

11) No (**llover** 点過去　　　　　　　) la semana pasada.
　先週は雨が降らなかった。

12) Cuando salí de casa, (**llover** 線過去　　　　　　　) un poco.
　私が家を出たとき、少し雨が降っていた。

13) No (**nevar** 現在　　　　　　　) mucho en Osaka.
　大阪はあまり雪が降らない。

14) Ayer (**nevar** 点過去　　　　　　　) en Tokio.
　昨日東京で雪が降った。

15) Ya (**ser** 現在　　　　　　　) de noche. Vamos a encender la luz.
　もう暗い。明かりをつけよう。

16) Hoy (**estar** 現在　　　　　　　) un poco nublado.
　今日は少し曇っている。

17) En Nueva York (**hacer** 現在　　　　　　　) mucho frío en invierno.
　ニューヨークの冬はとても寒い。

18) Ayer (**hacer** 点過去   ) muy buen tiempo.

昨日はとてもいい天気だった。

19) (**Ir** 現在   ) a anochecer pronto. Ya (**ser** 現在   ) tarde.

じきに日が暮れるでしょう。もう遅いよ。

20) (**Haber** 現在   ) que levantarse temprano.

早く起きなければならない。

2 日本語に合うように、枠内から動詞を選び、適切な時制に活用してカッコ内に入れましょう。

hacer, llover, ser, estar, haber

1) (   ) ya de día cuando salí del karaoke.

カラオケ店から出ると、もう明るかった。

2) Como (   ) mucho calor, fuimos a la piscina.

とても暑かったので、私たちはプールに行った。

3) En este barrio (   ) dos incendios el mes pasado.

この地域で先月2件火事があった。

4) Ayer (   ) todo el día.

昨日は一日中雨だった。

5) (   ) despejado y se ve muy bien el monte Fuji.

快晴で富士山がよく見える。

21

現在分詞

1 次の動詞（＋代名詞）を現在分詞（＋代名詞）にしましょう。

1) hacer	(	)	11) correr	(	)
2) mirar	(	)	12) reír	(	)
3) hablar	(	)	13) ser	(	)
4) leer	(	)	14) corregir	(	)
5) dejar	(	)	15) ver	(	)
6) ir	(	)	16) levantarse	(	)
7) pensar	(	)	17) pedirle	(	)
8) venir	(	)	18) esperarte	(	)
9) tener	(	)	19) contármela	(	)
10) vivir	(	)	20) dárselo	(	)

2 次の現在分詞（＋代名詞）を不定詞（＋代名詞）にしましょう。

1) llorando	(	)	11) quitándole	(	)
2) jugando	(	)	12) dirigiéndose	(	)
3) volviendo	(	)	13) separándose	(	)
4) saliendo	(	)	14) preguntándose	(	)
5) gritando	(	)	15) oyéndote	(	)
6) muriendo	(	)	16) escuchándola	(	)
7) siguiendo	(	)	17) durmiéndose	(	)
8) creyendo	(	)	18) diciéndomelo	(	)
9) repitiendo	(	)	19) poniéndoselos	(	)
10) sonriendo	(	)	20) mostrándoselo	(	)

3 例にならって、指示された時制で現在分詞を用いた動詞句を作りましょう。

例) Estar <u></u> *comer.* 彼は食べている。　（*él*, 現在）→ *Está comiendo.*

1) <u>Estar</u> *hacer* ejercicio. あなたは運動している。（*usted*, 現在）

→

2) <u>Seguir</u> *ser* puntual. 彼女は時間に正確であり続けている。（*ella*, 現在）

→

3) <u>Estar</u> *hablar.* 私は話している。（*yo*, 現在）

→

4) <u>Quedarse</u> *mirarnos.* 彼らは私たちを見つめている。（*ellos*, 現在）

→

5) Estar *ducharse.* 君はシャワーを浴びている。(*tú*, 現在)

   →

6) Ir *crecer.* 彼は成長していく。(*él*, 現在)

   →

7) Seguir *serlo.* 私たちはそうあり続けている。(*nosotras*, 現在)

   →

8) Ir *decir* algo. 彼女は何か言っていた。(*ella*, 線過去)

   →

9) Estar *pensar.* 君たちは考えていた。(*vosotros*, 線過去)

   →

10) Llevar *leerlo* desde esta mañana. 彼女は今朝からそれを読み続けている。(*ella*, 現在)

   →

11) Seguir *hablar.* 彼は話し続けた。(*él*, 点過去)

   →

12) Estar *esperarla.* 私たちは彼女を待っていた。(*nosotros*, 線過去)

   →

13) Estar *buscarlo.* 私は彼を探していた。(*yo*, 現在完了)

   →

14) Venir *verlo.* 私はそれを見続けて来ている。(*yo*, 現在)

   →

15) Continuar *nevar.* 雪が降り続けた。(現在完了)

   →

22 直説法過去完了

1 次の動詞をカッコ内の人称に合わせて直説法過去完了形に活用させましょう。

1) llegar（1単）　（　　　　　　　　　）　11) olvidar（1複）　（　　　　　　　　　）
2) decir（2複）　（　　　　　　　　　）　12) ver（3単）　（　　　　　　　　　）
3) ir（3単）　（　　　　　　　　　）　13) tener（3単）　（　　　　　　　　　）
4) poner（2複）　（　　　　　　　　　）　14) abrir（2単）　（　　　　　　　　　）
5) ser（1複）　（　　　　　　　　　）　15) hacer（1単）　（　　　　　　　　　）
6) oír（3単）　（　　　　　　　　　）　16) volver（3複）　（　　　　　　　　　）
7) morir（3複）　（　　　　　　　　　）　17) mover（2複）　（　　　　　　　　　）
8) leer（1単）　（　　　　　　　　　）　18) casarse（1単）　（　　　　　　　　　）
9) ocurrir（3単）　（　　　　　　　　　）　19) equivocarse（1複）（　　　　　　　　　）
10) escribir（2単）　（　　　　　　　　　）　20) enamorarse（2単）（　　　　　　　　　）

2 日本語に合うように、カッコ内の不定詞を直説法過去完了形に活用させましょう。

1) Cuando llegamos allí, usted ya se (**mover**　　　　　　　　　　　) de sitio.
   私たちがそこに着いたときには、あなたはもう移動してしまった後だった。

2) Cuando ella llegó al lugar de encuentro, nosotros ya (**ir**　　　　　　　　　) a buscarla.
   彼女が待ち合わせ場所に着いたとき、私たちはもう彼女を探しに行った後だった。

3) Cuando te pregunté sobre el artículo, tú todavía no lo (**leer**　　　　　　　　　).
   私が君にその記事について質問したとき、君はまだそれを読んでいなかった。

4) Nosotros (**abrir**　　　　　　　　　) la caja una vez.
   私たちは1度その箱を開けたことがあった。

5) No (**escribir**, *vosotros*　　　　　　　　　) vuestras tesinas, cuando el catedrático se fue de la universidad, ¿verdad?
   教授が大学を辞めたとき、君たちはまだ卒論を書き終えていなかったのですね。

6) Cuando terminé de preparar la cena, ya (**volver**, *tú*　　　　　　　　　) a casa.
   私が夕食の準備を終えたとき、君はもう家に戻っていた。

7) Cuando empezó a llover, ellos todavía no (**llegar**　　　　　　　　　) a la estación.
   雨が降り始めたとき、彼らはまだ駅に到着していなかった。

8) Hasta entonces yo (**ser**　　　　　　　　　) su mejor amigo.
   その時まで私は彼の親友だった。

9) Cuando la llamé, ella ya te lo (**decir**　　　　　　　　　).
   私が彼女に電話をしたとき、彼女はもう君にそれを言ってしまっていた。

10) Hasta ese año usted no (**estar**　　　　　　　　　) en España.
    その年まであなたはスペインに行ったことがなかった。

3 例にならって、直説法過去完了形の文になるように、カッコ内に適切な語を入れ
ましょう。

例) Yo (**comer**lo). → Yo (*lo*) (*había*) (*comido*). 私はそれを食べたことがあった。

1) Él ya (**morir**se).

→ Él ya (　　　　　　) (　　　　　　) (　　　　　　).

彼はもう亡くなっていた。

2) Yo nunca (**equivocar**se) de habitación.

→ Yo nunca (　　　　　　) (　　　　　　) (　　　　　　) de habitación.

私は部屋を間違えたことは1度もなかった。

3) Tú no (**casar**se) todavía.

→ Tú no (　　　　　　) (　　　　　　) (　　　　　　) todavía.

君はまだ結婚していなかった。

4) No (**ocurrír**seme) ninguna idea todavía.

→ No (　　　　　　) (　　　　　　) (　　　　　　) (　　　　　　) ninguna

idea todavía.

まだ私は何のアイデアも思いついていなかった。

5) Él (**hacer**lo) alguna vez.

→ Él (　　　　　　) (　　　　　　) (　　　　　　) alguna vez.

彼はかつてそれをしたことがあった。

6) Yo nunca (**ver**la) allí.

→ Yo nunca (　　　　　　) (　　　　　　) (　　　　　　) allí.

私はそこで彼女を見たことがなかった。

7) Era la primera vez que yo (**enamorar**se) de alguien.

→ Era la primera vez que yo (　　　　　　) (　　　　　　) (　　　　　　) de

alguien.

私が誰かに恋をしたのはそれが初めてだった。

8) Nosotros no (**poner**se) tan nerviosos en clase.

→ Nosotros no (　　　　　　) (　　　　　　) (　　　　　　) tan nerviosos en

clase.

私たちは授業中にそんなに緊張したことはなかった。

9) Ustedes (**oír**lo) muchas veces.

→ Ustedes (　　　　　　) (　　　　　　) (　　　　　　) muchas veces.

あなた方はそれを何度も聞いたことがあった。

10) A él nunca (**olvidár**sele) la llave.

→ A él nunca (　　　　　　) (　　　　　　) (　　　　　　) (　　　　　　) la

llave.

彼は1度も鍵を忘れたことがなかった。

23

関係詞（que, 定冠詞＋que）

1 例にならって、2つの文を関係詞の que または定冠詞＋que を用いて1文にしましょう。

> 例）Tengo una amiga colombiana. + Ella habla japonés perfectamente.
> → Tengo una amiga colombiana (*que habla japonés perfectamente*).
> 私には完璧に日本語を話せるコロンビア人の友人がいます。

1) ¿Ya has leído el libro? + Te lo dejé la semana pasada.

   → ¿Ya has leído el libro (　　　　　　　　　　　　　)?

   先週貸した本もう読んだ？

2) Compraron una casa. + La casa tiene una terraza preciosa.

   → Compraron una casa (　　　　　　　　　　　　　　).

   彼らはすてきなテラスのある家を買いました。

3) Ayer me presentaron a un señor. + Él ha trabajado en diez países.

   → Ayer me presentaron a un señor (　　　　　　　　　　　　　).

   昨日10ヶ国で働いたことのあるという男性を紹介された。

4) El pueblo se llama Quicena. + Hemos pasado por el pueblo.

   → El pueblo (　　　　　　　　　　　　　) se llama Quicena.

   さっき通った村はキセナという名前だ。

5) Gloria es una amiga mía. + Viajé por Europa con ella.

   → Gloria es una amiga mía (　　　　　　　　　　　).

   グロリアは私が一緒にヨーロッパを旅行した友達だ。

6) Utilizo este diccionario. + Mi padre también lo usaba cuando era estudiante.

   → Utilizo este diccionario (　　　　　　　　　　　).

   私は父も学生時代に使っていたこの辞書を使っている。

7) Mariano está orgulloso de su trabajo. + Todos lo consideran como una obra maestra.

   → Mariano está orgulloso de su trabajo (　　　　　　　　　　　).

   マリアノはみんなが傑作だと考えている自分の作品のことを誇りに思っている。

8) Comimos en un restaurante famoso. + Allí trabaja un cocinero francés.

   → Comimos en un restaurante famoso (　　　　　　　　　　　).

   私たちはフランス人シェフが働いている有名レストランで食事をした。

9) A la reunión asistió una mexicana. + A ella la contrataron para el nuevo proyecto.

   → A la reunión asistió una mexicana (　　　　　　　　　　　).

   会議には新プロジェクトのために雇われたメキシコ人女性が出席した。

10) Te he traído las fotos. + Te hablé de estas fotos hace unos días.

   → Te he traído las fotos (　　　　　　　　　　　).

   何日か前に話した写真を持ってきたよ。

2 日本語に合うように、カッコ内に適切な語句を入れましょう（1語とは限りませ
ん）。

1) Me gusta mucho este reloj（　　　　　　　）me compré el año pasado.

　　私は去年買ったこの時計をとても気に入っています。

2) La película（　　　　　　　）echaron en la tele anoche fue muy divertida.

　　昨夜テレビでやった映画はとても面白かった。

3) ¿Cómo se llamaba el chico（　　　　　　　）sale Lucía?　［salir con...］

　　ルシアが付き合っている子は何て名前だったっけ？

4) Esta es la casa（　　　　　　　）vivió la escritora en sus últimos años.　［vivir en...］

　　これがその作家が晩年暮らした家です。

5)（　　　　　　　）viste en la fiesta del otro día es Eva.

　　君がこの前のパーティーで会ったのはエバだよ。

6) Te he traído la novela（　　　　　　　）te hablé ayer.　［hablar de...］

　　昨日話した小説を持ってきたよ。

7) Este señor es un amigo（　　　　　　　）conocí en México.

　　こちらはメキシコで知り合った友人です。

8)（　　　　　　　）dicen es una tontería.

　　彼らの言っていることは馬鹿げている。

9) ¿Qué zapatos te gustan más? —（　　　　　　　）están ahí, al lado de las botas marrones.

　　どの靴が一番好き？—あそこの、茶色のブーツの横にあるやつ。

10) Muchos de los profesores（　　　　　　　）enseñan aquí han estudiado en el extranjero.

　　ここで教えている先生の多くは留学経験がある。

24 比 較

1 日本語に合うように、カッコ内に適切な語を1つ入れましょう。

1) Mi hermano es (　　　　　)(　　　　　) tu hermana.
うちの兄は君のお姉さんよりも年上だ。

2) Ella habla japonés (　　　　　) bien (　　　　　) usted.
彼女はあなたと同じくらい日本語が上手です。

3) Ayer hizo (　　　　　) calor (　　　　　) hoy.
昨日は今日より暑くなかった。

4) Este vino es (　　　　　) caro (　　　　　) el otro.
このワインはもう1つのより高くない。

5) Este sofá es (　　　　　) cómodo (　　　　　) ese.
このソファーはそっちのよりも座り心地がいい。

6) Los exámenes no fueron (　　　　　) difíciles (　　　　　) la última vez.
試験は前回ほど難しくなかった。

7) Rubén come (　　　　　)(　　　　　) yo.
ルベンは私よりもよく食べる。

8) No tengo (　　　　　) libros (　　　　　) Jaime.
私はハイメほど本を持っていない。

9) Hoy hay (　　　　　) tráfico (　　　　　) ayer.
今日は昨日より交通量が少ない。

10) Rosario lleva (　　　　　) años (　　　　　) yo en esta empresa.
ロサリオはこの会社では私よりも長い。

11) La conferencia de hoy no me ha gustado (　　　　　)(　　　　　) la del otro día.
今日の講演は先日のほどよくなかった。

12) En Tokio hay (　　　　　) gente (　　　　　) en Osaka.
東京は大阪より人が多い。

13) No tengo (　　　　　) experiencia (　　　　　) ellos.
私は彼らほど経験豊富ではない。

14) Carolina baila (　　　　　)(　　　　　) Blanca.
カロリナはブランカよりも踊りが上手だ。

15) Últimamente duermo (　　　　　)(　　　　　) antes.
最近私は以前ほど眠らない。

2 日本語に合うように、カッコ内に適切な語を1つ入れましょう。

1) ¿Cuál es (　　　　　) ciudad (　　　　　) grande (　　　　　) su país?
   あなたの国で一番大きい都市はどこですか？

2) Sergio es (　　　　　) jugador (　　　　　) rápido (　　　　　) la selección.
   セルヒオは代表チームで一番速い選手だ。

3) Ayer fue (　　　　　) día (　　　　　) frío (　　　　　) este invierno.
   昨日はこの冬一番の寒さだった。

4) (　　　　　) todos los empleados de la compañía, Guillermo es (　　　　　)
   (　　　　　) trabajador.
   会社の従業員の中で、ギジェルモが一番仕事熱心だ。

5) Salvador es (　　　　　) (　　　　　) (　　　　　) la familia.
   サルバドルは家族で一番年下だ。

6) Este es (　　　　　) videojuego (　　　　　) vendido (　　　　　) este año.
   これが今年最も売れたビデオゲームです。

7) Me ha tocado (　　　　　) pregunta (　　　　　) difícil (　　　　　) todas.
   私には一番難しくない問題が当たった。

8) Matías tiene (　　　　　) voz (　　　　　) bonita (　　　　　) grupo.
   マティアスがそのグループで一番きれいな声をしている。

9) Consiguió la beca (　　　　　) alumna que estudiaba (　　　　　) (　　　　　) la
   clase.
   クラスで一番勉強していた生徒が奨学金を得た。

10) La profesora Vidal es (　　　　　) que sabe (　　　　　) de Historia Oriental.
    ビダル先生は東洋史について一番よく知っている人だ。

11) Belén es (　　　　　) que baila (　　　　　) (　　　　　) todas nosotras.
    ベレンは私たちみんなの中で一番踊りがうまい。

12) Pepa es (　　　　　) que come (　　　　　) (　　　　　) la familia.
    ペパは家族で一番少食だ。

13) Me llamó (　　　　　) chico que me interesaba (　　　　　) (　　　　　) la fiesta.
    パーティーで一番興味のなかった男の子から電話がかかってきた。

14) En esta fábrica Clara es (　　　　　) que cobra (　　　　　).
    この工場ではクララが一番給料がいい。

15) (　　　　　) tema que (　　　　　) me interesa es la política internacional.
    私が一番興味のあるテーマは国際政治だ。

3 例にならって、2者を比較した文を作り、日本語にしましょう。

> 例）José es alto. (> Antonio) → *José es más alto que Antonio.*
>   ホセはアントニオよりも背が高い。
>   José es alto. (< Antonio) → *José es menos alto que Antonio.*
>   ホセはアントニオよりも背が高くない。
>   José es alto. (= Antonio) → *José es tan alto como Antonio.*
>   ホセはアントニオと同じくらい背が高い。
>   José es alto. (≠ Antonio) → *José no es tan alto como Antonio.*
>   ホセはアントニオほど背が高くない。

1) Este diccionario es bueno. （> el tuyo）
   →

2) Ir en tren es económico. （≠ ir en autobús）
   →

3) Este bolígrafo escribe bien. （> ese）
   →

4) Había mucha gente en la plaza. （< en el parque）
   →

5) Trabajo mucho. （≠ Carmen）
   →

6) Creo que el español es difícil para los japoneses. （> el coreano）
   →

7) El fútbol es popular en este país. （= el béisbol）
   →

8) Soy joven. （≠ ustedes）
   →

9) Daniel estudia mucho. （< su hermano）
   →

10) Nuestros hijos leen mucho. （= nosotros）
    →

4 例にならって、最上級の文を作り、日本語にしましょう。

例） 形 José es alto. ［de la clase］→ *José es el más alto de la clase.*

ホセはクラスの中で一番背が高い。

副 José corre rápido. ［de la clase］→ *José es el que corre más rápido de la clase.*

ホセはクラスの中で一番走るのが速い。

1） César es tímido. ［de todos sus hermanos］

→

2） Esta novela se vendió mucho. ［el año pasado］

→

3） Mi abuela era trabajadora. ［del pueblo］

→

4） Manolo se levanta temprano. ［de la residencia］

→

5） La casa de los Gómez es bonita. ［del barrio］

→

6） José habla poco. ［de todos sus amigos］

→

7） Las notas de Concha han sido buenas. ［de la clase］

→

8） Este edificio es antiguo. ［de la ciudad］

→

9） Esta empresa paga bien. ［del sector］

→

10） Ana habló claramente. ［de los participantes］

→

25

直説法未来

1 次の動詞をカッコ内の人称に合わせて未来形に活用させましょう。

1) trabajar（2単）　（　　　　　　　）　　11) llevar（1単）　（　　　　　　　）

2) ayudar（3単）　（　　　　　　　）　　12) llegar（3単）　（　　　　　　　）

3) llamar（1複）　（　　　　　　　）　　13) enseñar（1複）　（　　　　　　　）

4) entrar（1複）　（　　　　　　　）　　14) creer（2単）　（　　　　　　　）

5) preguntar（3複）　（　　　　　　）　　15) abrir（3単）　（　　　　　　　）

6) cenar（2単）　（　　　　　　　）　　16) viajar（2複）　（　　　　　　　）

7) aprender（2複）　（　　　　　）　　17) esperar（2単）　（　　　　　　　）

8) buscar（1単）　（　　　　　　　）　　18) estudiar（3単）　（　　　　　　　）

9) hablar（1単）　（　　　　　　　）　　19) irse（1複）　（　　　　　　　）

10) escribir（3複）　（　　　　　）　　20) comerse（1単）　（　　　　　　）

2 日本語に合うように、カッコ内の不定詞を未来形に活用させましょう。

1) Dentro de unas horas (**llegar**　　　　　　　　) a Buenos Aires.
数時間したら私たちはブエノスアイレスに到着する。

2) Me (**llamar**　　　　　　　　) mañana.
彼は明日私に電話してくるだろう。

3) De eso (**hablar**, *nosotros*　　　　　　　　) en la próxima reunión.
それについては次の会議で話しましょう。

4) ¿Le (**escribir**, *tú*　　　　　　　) mañana?
君は明日彼に手紙を書くの？

5) (**Creer**　　　　　　　) que lo hicimos nosotros.
彼らはそれを私たちがやったと思うだろう。

6) Te (**esperar**, *nosotros*　　　　　　　) en la estación.
駅で待ってるよ。

7) Este año (**aprender**, *yo*　　　　　　　) a tocar la guitarra.
今年はギターを習うつもりだ。

8) Os (**enseñar**　　　　　　) dónde vivo.
私がどこに住んでいるか教えてあげるね。

9) Este sábado (**comer**, *vosotros*　　　　　　　) con Ricardo, ¿verdad?
この土曜に君たちはリカルドと食事をするつもりなのですよね。

10) Nuestra hija no (**cenar**　　　　　　) en casa esta noche.
娘は今夜家で夕食を食べないだろう。

11) Nosotros le (**llevar**　　　　　　) un regalo.
私たちは彼女にプレゼントを持っていきます。

12) Este fin de semana (**estudiar**, *yo*   ) en la biblioteca.
今週末は図書館で勉強します。

13) El domingo no (**abrir**   ) la tienda.
日曜日は彼らは店を開けないだろう。

14) Ya te lo (**preguntar**   ) Emilio.
そのうちエミリオが君にそれを聞くだろう。

15) (**Entrar**   ) por la puerta de atrás.
私は裏口から入ります。

3️⃣ 次の動詞をカッコ内の人称に合わせて未来形に活用させましょう。

1) saber（1単）	( )	11) tener（1単）	( )
2) valer（3単）	( )	12) decir（2複）	( )
3) caber（3複）	( )	13) saber（3複）	( )
4) tener（2単）	( )	14) hacer（2単）	( )
5) haber（3複）	( )	15) poder（3複）	( )
6) poner（2単）	( )	16) decir（3単）	( )
7) hacer（1単）	( )	17) haber（2複）	( )
8) salir（2複）	( )	18) salir（1単）	( )
9) querer（3単）	( )	19) poder（2単）	( )
10) venir（1複）	( )	20) venir（3単）	( )

4️⃣ 日本語に合うように、カッコ内の不定詞を未来形に活用させましょう。

1) ¿A qué hora (**venir**   ) Óscar y Raquel?
オスカルとラケルは何時に来るだろうか？

2) No se lo (**decir**   ) nunca.
私はそれを彼らに絶対に言わないぞ。

3) (**Tener**, *tú*   ) que estar allí a las nueve.
9時にそこにいなければいけないよ。

4) No (**poder**, *nosotros*   ) llegar a tiempo.
時間通りには着けないだろう。

5) En el futuro no (**haber**   ) guerras.
未来には戦争はなくなっているだろう。

6) El tren (**salir**   ) dentro de unos minutos.
電車は数分後に出ます。

7) ¿(**Hacer**   ) mucho frío en la montaña?
山はすごく寒いかなあ？

8) Diego no (**saber**   ) la verdad.
ディエゴは本当のことを知らないだろう。

9) No (**querer**   ) ir solos.

彼らは自分たちだけでは行きたがらないだろう。

10) Tu madre (**poner**se   ) muy contenta.

お母さんはとてもお喜びになるでしょうね。

11) ¿(**Venir**, *tú*   ) a la reunión?

君は会議に来ますか？

12) (**Poder**   ) conseguirlo con un poco de suerte.

ちょっと運がよければ彼女はそれを手に入れられるだろう。

13) ¿Me (**decir**, *vosotros*   ) cuándo va a ser la fiesta?

パーティーがいつになるか教えてくれる？

14) Hoy no (**haber**   ) mucho tráfico en la autopista.

今日は高速道路にはそんなに車が多くないだろう。

15) Con él no (**tener**, *nosotros*   ) ningún problema.

彼が一緒なら何も問題はないだろう。

5 次の動詞をカッコ内の人称に合わせて未来形に活用させましょう。

1) estar（2単）   (   )   11) ser（2単）   (   )
2) visitar（3複）   (   )   12) terminar（1複） (   )
3) saber（2単）   (   )   13) tocar（2単）   (   )
4) recibir（2複）   (   )   14) volver（3複）   (   )
5) usar（1単）   (   )   15) salir（1複）   (   )
6) preparar（3単） (   )   16) decir（2単）   (   )
7) tener（2複）   (   )   17) dar（3複）   (   )
8) subir（1単）   (   )   18) poder（1複）   (   )
9) perder（1複）   (   )   19) quedarse（1単） (   )
10) venir（1単）   (   )   20) irse（2単）   (   )

6 日本語に合うように、カッコ内の不定詞を未来形に活用させましょう。

1) (**Perder**se, *tú*   ) el partido si no sales de la oficina ahora mismo.

今すぐオフィスを出ないと試合を見逃すよ。

2) No (**ir**se   ) de aquí hasta conseguir algún trabajo.

彼は何か仕事を得るまでここから立ち去らないだろう。

3) No (**volver**, *yo*   ) a hacerlo.

もう二度とそれをしません。

4) Eduardo no (**estar**   ) en casa ahora.

エドゥアルドは今家にいないだろう。

5) (**Subir**   ) los precios.

物価が上がるだろう。

6) (**Preparar**   ) la comida para diez personas.

    私たちは10人分の食事を用意するつもりです。

7) (**Terminar**   ) el informe en dos horas.

    彼女は2時間で報告書を書き終えるだろう。

8) Su padre (**tener**   ) unos sesenta años.

    彼女のお父さんは60歳くらいだろう。

9) ¿(**Quedar**, *nosotros*   ) a eso de las ocho?

    8時くらいに待ち合わせようか？

10) El año que viene (**visitar**   ) Sudamérica.

    来年私は南米を訪ねます。

11) ¿Qué hora (**ser**   )?

    今何時だろう？

12) El mes que viene te (**dar**, *yo*   ) más información.

    来月君にもっと情報を教えてあげるよ。

13) ¿(**Poder**   ) venir vosotras solas?

    君たちだけで来られますか？

14) ¿A quién le (**tocar**   ) ser el protagonista?

    誰が主役に当たるかな？

15) Julio no (**saber**   ) tocar el piano.

    フリオはピアノを弾けないだろう。

26 直説法未来完了

1️⃣ 次の動詞をカッコ内の人称に合わせて未来完了形に活用させましょう。

1) terminar (3複)　(　　　　　　　　　　　　　　　　　　　)
2) ir (1単)　(　　　　　　　　　　　　　　　　　　　)
3) leer (1複)　(　　　　　　　　　　　　　　　　　　　)
4) salir (3複)　(　　　　　　　　　　　　　　　　　　　)
5) volver (2単)　(　　　　　　　　　　　　　　　　　　　)
6) hacer (2単)　(　　　　　　　　　　　　　　　　　　　)
7) ver (2複)　(　　　　　　　　　　　　　　　　　　　)
8) aprender (2単)　(　　　　　　　　　　　　　　　　　　　)
9) tomar (3複)　(　　　　　　　　　　　　　　　　　　　)
10) escribir (1単)　(　　　　　　　　　　　　　　　　　　　)
11) decir (1複)　(　　　　　　　　　　　　　　　　　　　)
12) dejar (1単)　(　　　　　　　　　　　　　　　　　　　)
13) traer (2複)　(　　　　　　　　　　　　　　　　　　　)
14) estar (3単)　(　　　　　　　　　　　　　　　　　　　)
15) estudiar (2複)　(　　　　　　　　　　　　　　　　　　　)
16) dormir (2単)　(　　　　　　　　　　　　　　　　　　　)
17) beber (3複)　(　　　　　　　　　　　　　　　　　　　)
18) vender (1単)　(　　　　　　　　　　　　　　　　　　　)
19) cansarse (2単)　(　　　　　　　　　　　　　　　　　　　)
20) levantarse (3単)　(　　　　　　　　　　　　　　　　　　　)

2️⃣ 日本語に合うように、カッコ内の不定詞を未来完了形に活用させましょう。

1) ¿Dónde (**aprender**　　　　　　　　　　　　) italiano?
彼はどこでイタリア語を習ったんだろう？

2) A las siete ya (**ir**se　　　　　　　　　　) los invitados.
7時にはお客さんたちはもう帰っているだろう。

3) Marcos tiene una cara de sueño... ¿(**Dormir**　　　　　　　　　) bien?
マルコスは眠そうな顔をしている…。よく眠れたのかな？

4) Para entonces ya (**volver**　　　　　　　　　) mis padres.
その頃までにはもう両親は戻っているだろう。

5) Edgar está borracho otra vez. (**Beber**　　　　　　　　　　) mucho.
エドガルはまた酔っ払っている。たくさん飲んだのだろう。

6) Tú no (**leer**　　　　　　　　　) una novela china, ¿verdad?
君は中国の小説を読んだことはないよね。

60

7) Los alumnos han hecho muy bien el examen. (**Estudiar**) mucho.
生徒たちは試験を大変うまくやった。よく勉強したんだろう。

8) ¿Has vuelto de las vacaciones? (**Ver**) muchas cosas.
休暇から帰ってきたの？いろいろ見たんだろうね。

9) Sus hijos ya (**hacer**se) mayores.
彼らの子供たちはもう大きくなってるんだろうな。

10) La construcción del edificio todavía no (**terminar**) en julio.
そのビルの建設は7月にはまだ終わっていないだろう。

11) Son las diez. Ya (**salir**) de casa.
10時だ。もう彼女は家を出ただろう。

12) ¿Me lo (**decir**) en serio?
彼は私にそれをまじめに言ったんだろうか？

13) ¿Quién (**dejar**) la puerta abierta?
誰がドアを開けっ放しにしたんだろう？

14) No (**estar**, *vosotros*) con ellos, ¿verdad?
彼らと一緒にいたんじゃないでしょうね。

15) Dicen que se van a mudar. ¿(**Vender**) el piso?
彼らは引越しするそうだ。マンションを売ってしまったのかな？

27

1 次の動詞をカッコ内の人称に合わせて過去未来形に活用させましょう。

1) hablar（1単）　　（　　　　　　）　11) preferir（2単）　　（　　　　　　）
2) comer（2単）　　（　　　　　　）　12) comprar（2単）　　（　　　　　　）
3) vivir（1複）　　（　　　　　　）　13) volver（1複）　　（　　　　　　）
4) ser（3複）　　（　　　　　　）　14) estar（2複）　　（　　　　　　）
5) deber（3単）　　（　　　　　　）　15) empezar（1単）　　（　　　　　　）
6) llevar（2複）　　（　　　　　　）　16) abrir（3複）　　（　　　　　　）
7) vender（3単）　　（　　　　　　）　17) llamar（2単）　　（　　　　　　）
8) ver（1単）　　（　　　　　　）　18) fumar（3複）　　（　　　　　　）
9) pensar（1複）　　（　　　　　　）　19) irse（1複）　　（　　　　　　）
10) pedir（3複）　　（　　　　　　）　20) cortarse（3複）　　（　　　　　　）

2 日本語に合うように、カッコ内の不定詞を過去未来形に活用させましょう。

1) Pensábamos que el concierto（**empezar**　　　　　　）a las siete.
コンサートは7時に始まると私たちは思っていた。

2) Les prometí que（**llevar**　　　　　　）un regalo a cada uno.
彼らそれぞれにプレゼントを持っていくと私は約束した。

3) ¿No me dijiste que（**cortar**se　　　　　　）el pelo?
髪を切るって私に言わなかったっけ？

4) （**Preferir**, *yo*　　　　　　）no hablar con él ahora.
（どちらかと言えば）彼と今話したくありません。

5) Carlos no cogió el teléfono. ¿Dónde（**estar**　　　　　　）?
カルロスは電話に出なかった。どこにいたんだろう？

6) （**Deber**　　　　　　）estudiar más seriamente si queréis aprobar el examen.
試験に合格したければもっと真剣に勉強すべきだよ。

7) ¿Creías que yo（**ir**　　　　　　）a ayudarte?
私が君を助けに行くと思っていたの？

8) （**Ser**　　　　　　）las dos cuando sonó el teléfono.
電話が鳴ったとき2時頃だっただろう。

9) Julia me dijo que me（**llamar**　　　　　　）enseguida.
フリアは私にすぐに電話すると言った。

10) Gabriel nos prometió que（**fumar**　　　　　　）menos.
ガブリエルはたばこの量を減らすと私たちに約束した。

11) Quique siempre decía que（**comprar**se　　　　　　）un Porsche.
キケはいつもポルシェを買うぞと言っていた。

12) Adrián le preguntó si (**pedir**   ) más vino.

アドリアンは彼女にもっとワインを頼むかどうか聞いた。

13) La jefa me dijo que (**volver**   ) antes de las cinco.

上司は私に5時までに戻ると言った。

14) Mi hijo nos dejó un mensaje diciendo que no (**comer**   ) en casa.

息子は家で食事しないというメッセージを残した。

15) Luz nos prometió que (**hablar**   ) con sus padres.

ルスは両親と話すと私たちに約束した。

3️⃣ 次の動詞をカッコ内の人称に合わせて過去未来形に活用させましょう。

1) haber（2単）　　（　　　　　　）　　11) saber（3複）　　（　　　　　　）

2) venir（3複）　　（　　　　　　）　　12) salir（3単）　　（　　　　　　）

3) saber（1複）　　（　　　　　　）　　13) poner（3複）　　（　　　　　　）

4) hacer（1単）　　（　　　　　　）　　14) querer（2単）　　（　　　　　　）

5) poner（2単）　　（　　　　　　）　　15) decir（1単）　　（　　　　　　）

6) decir（2複）　　（　　　　　　）　　16) tener（3単）　　（　　　　　　）

7) salir（1単）　　（　　　　　　）　　17) poder（1複）　　（　　　　　　）

8) tener（1複）　　（　　　　　　）　　18) venir（2複）　　（　　　　　　）

9) poder（3複）　　（　　　　　　）　　19) hacer（2単）　　（　　　　　　）

10) caber（1単）　　（　　　　　　）　　20) haber（1複）　　（　　　　　　）

4️⃣ 日本語に合うように、カッコ内の不定詞を過去未来形に活用させましょう。

1)（**Tener**, *ustedes*   ) que salir de aquí cuanto antes.

あなた方はここからできるだけ早く出発すべきでしょう。

2) Rodolfo me escribió que (**venir**   ) a Japón este año.

ロドルフォは今年日本に来ると私に手紙をよこした。

3) Nos dijeron que (**salir**   ) ese fin de semana.

彼らは週末に出かけると私たちに言った。

4) Nadie (**decir**   ) una cosa así.

誰もそんなことは言わないだろう。

5) Maribel contestó que no (**poder**   ) asistir a la boda.

マリベルは結婚式に出席できないと返事してきた。

6) Creían que su hija (**hacer**se   ) abogada.

彼らは娘が弁護士になるものだと信じていた。

7) Creíamos que (**venir**, *tú*   ) con ella.

君は彼女と一緒に来るのだと思っていたよ。

8) No (**saber**   ) qué deciros.

私は君たちに何て言っていいのか分かりません。

9) Nos preguntaron qué nombre le (**poner**   ) a la perra.

私たちは犬にどんな名前をつけるか聞かれた。

10) Pensaba que (**haber**   ) mucha gente en la plaza.

広場には人が多いだろうと思っていた。

11) (**Querer**, *yo*   ) pedirle un favor.

1つお願いしたいんですが。

12) Estaba segura de que Mercedes (**poner**se   ) muy contenta.

メルセデスは絶対に喜ぶだろうと私は思っていた。

13) Pensé que no (**caber**   ) tanta gente en la sala.

その部屋にはそんなに大勢入らないだろうと私は思った。

14) Comentaron que (**hacer**   ) falta un secretario.

彼らは秘書が1人必要だろうとコメントした。

15) Me prometió que se lo (**decir**   ) enseguida.

彼は彼女にそれをすぐに伝えると約束してくれた。

5️⃣ 次の動詞をカッコ内の人称に合わせて過去未来形に活用させましょう。

1) dar (1単) ( )	11) entender (1複) ( )
2) preguntar (3単) ( )	12) perder (3単) ( )
3) cenar (1複) ( )	13) venir (1単) ( )
4) servir (2複) ( )	14) poner (2複) ( )
5) ayudar (1複) ( )	15) dormir (3複) ( )
6) hacer (2単) ( )	16) subir (2単) ( )
7) poder (2複) ( )	17) dejar (1複) ( )
8) escribir (1単) ( )	18) decir (2複) ( )
9) leer (1複) ( )	19) conducir (3複) ( )
10) esperar (2単) ( )	20) pagar (3単) ( )

6️⃣ 日本語に合うように、カッコ内の不定詞を過去未来形に活用させましょう。

1) Este diccionario te (**servir**   ) mucho.

この辞書はとても役に立つと思うよ。

2) Joaquín me llamó y dijo que (**cenar**   ) con sus amigos.

ホアキンは私に電話してきて友達と夕食を食べると言った。

3) ¿De verdad, la profesora te dijo que te (**poner**   ) un sobresaliente?

本当に先生は君に「優」をつけると言ったの？

4) ¿(**Poder**, *usted*   ) esperarnos un poco más?

もう少し私たちを待っていただけますか？

5) Mis hijos me prometieron que (**hacer**   ) los deberes.

子供たちは私に宿題をすると約束した。

6) Renato dijo que no se lo (**decir**   ) a nadie.

   レナトはそれを誰にも言わないと言った。

7) Decían que (**subir**   ) el precio de la gasolina.

   ガソリンが値上がりすると言われていた。

8) Pensaba que me (**entender**, *vosotros*   ).

   君たちは私のことを理解してくれると思っていたよ。

9) Los alumnos dijeron que (**leer**   ) todos los libros en una semana.

   生徒たちは全部の本を1週間で読むと言った。

10) Le pregunté si (**dejar**   ) de llover pronto.

    すぐに雨がやむだろうかと私は彼女に聞いた。

11) Les prometí que siempre los (**ayudar**   ).

    私は彼らのことをいつも手伝うと約束した。

12) Pensábamos que (**venir**, *tú*   ) a la fiesta con él.

    君はパーティーに彼と来るものだと思っていたよ。

13) Me preguntaron si (**pagar**   ) con tarjeta.

    私はカードで支払うかどうか聞かれた。

14) Pensaba que mis padres me (**dejar**   ) ir a estudiar al extranjero.

    私は両親が留学に行かせてくれると思っていた。

15) Yo en tu lugar (**esperar**   ) unos días más.

    私が君の立場ならもう何日か待つだろうな。

28 直説法過去未来完了

1 次の動詞をカッコ内の人称に合わせて過去未来完了形に活用させましょう。

1) decir（2単）　　（　　　　　　　　　　　　　　）
2) dejar（1複）　　（　　　　　　　　　　　　　　）
3) leer（3複）　　（　　　　　　　　　　　　　　）
4) pasar（2単）　　（　　　　　　　　　　　　　　）
5) avisar（1単）　　（　　　　　　　　　　　　　　）
6) escribir（2単）　　（　　　　　　　　　　　　　　）
7) preparar（2複）　　（　　　　　　　　　　　　　　）
8) llegar（2単）　　（　　　　　　　　　　　　　　）
9) terminar（3複）　　（　　　　　　　　　　　　　　）
10) hacer（1単）　　（　　　　　　　　　　　　　　）
11) poner（1複）　　（　　　　　　　　　　　　　　）
12) cerrar（1単）　　（　　　　　　　　　　　　　　）
13) traer（2複）　　（　　　　　　　　　　　　　　）
14) estar（3単）　　（　　　　　　　　　　　　　　）
15) estudiar（3複）　　（　　　　　　　　　　　　　　）
16) abrir（2複）　　（　　　　　　　　　　　　　　）
17) beber（3複）　　（　　　　　　　　　　　　　　）
18) vender（1単）　　（　　　　　　　　　　　　　　）
19) dormirse（2単）　　（　　　　　　　　　　　　　　）
20) limpiarse（3単）　　（　　　　　　　　　　　　　　）

2 日本語に合うように、カッコ内の不定詞を過去未来完了形に活用させましょう。

1) Mi hija me prometió que (**hacer**　　　　　　　　　　) los deberes antes de la cena.
　　娘は夕食の前に宿題を終えていると約束した。

2) (**Quitar**se　　　　　　　　　　) el abrigo antes. Cuando entró, no lo llevaba.
　　彼はすでにコートを脱いでいたんだろう。入ってきたときには着ていなかったよ。

3) Penélope nos dijo que (**limpiar**　　　　　　　　　) la casa para el mediodía.
　　ペネロペは正午までに家の掃除を終えていると私たちに言った。

4) Los alumnos no pudieron contestar a ninguna pregunta.
　　No (**preparar**　　　　　　　　　　) bien la lección.
　　生徒たちはどの質問にも答えられなかった。
　　ちゃんと予習していなかったんだろう。

5) Claudio me dijo que (**escribir**   ) el informe del accidente antes del jueves.

   クラウディオは木曜より前に事故の報告書を書き終えていると私に言った。

6) Víctor vino a la fiesta. Alguien le (**avisar**   ).

   ビクトルはパーティーに来た。誰かが知らせたんだろう。

7) Cuando los conocí, ya vivían juntos. ¿Cuándo (**empezar**   ) a salir?

   私が彼らと知り合ったとき、彼らはもう一緒に暮らしていた。いつ付き合い始めたんだろう？

8) Le pregunté si ya (**leer**   ) la novela para este fin de semana.

   今週末までにその小説を読み終えているかどうか私は彼女に聞いた。

9) Arturo seguramente (**dejar**   ) la empresa cuando entró Lucas.

   ルカスが入ってきたとき、アルトゥロはもう会社をやめていただろう。

10) Victoria ya sabía la noticia. ¿Quién se lo (**decir**   )?

   ビクトリアはすでにその知らせを知っていた。誰が言ったんだろう？

29

接続法現在

1 次の動詞をカッコ内の人称に合わせて接続法現在形に活用させましょう。

1) esperar（3複）　（　　　　　　）
2) beber（1複）　（　　　　　　）
3) abrir（2単）　（　　　　　　）
4) tomar（2複）　（　　　　　　）
5) aprender（3単）　（　　　　　　）
6) vivir（1単）　（　　　　　　）
7) llegar（1単）　（　　　　　　）
8) vender（3単）　（　　　　　　）
9) escribir（3複）　（　　　　　　）
10) trabajar（2単）　（　　　　　　）
11) coger（1単）　（　　　　　　）
12) partir（2単）　（　　　　　　）
13) alcanzar（1複）　（　　　　　　）
14) comprender（2複）　（　　　　　　）
15) decidir（2複）　（　　　　　　）
16) sacar（1複）　（　　　　　　）
17) creer（3単）　（　　　　　　）
18) permitir（2単）　（　　　　　　）
19) lavarse（3単）　（　　　　　　）
20) levantarse（1単）　（　　　　　　）

2 日本語に合うように、カッコ内の不定詞を接続法現在形に活用させましょう。

1) Tal vez tu amigo te（**esperar**　　　　　　）en un lugar equivocado.
   もしかすると君の友人は間違った場所で君を待っているのかもしれない。

2) Probablemente estos libros no se（**vender**　　　　　　）en aquella librería.
   おそらくこれらの本はあの本屋では売っていないのだろう。

3) Quizá ella no le（**escribir**　　　　　　）a su madre, sino a su hermano.
   たぶん彼女は母親ではなく、弟に手紙を書くのだろう。

4) Posiblemente no（**llegar**　　　　　　）a tiempo a la cita.
   もしかすると私たちは約束に間に合わないかもしれない。

5) Quizás no（**creer**　　　　　　）lo que decimos.
   もしかすると彼らは私たちが言っていることを信じないかもしれない。

6) Probablemente ella（**coger**　　　　　　）un taxi.
   もしかすると彼女はタクシーを拾うかもしれない。

7) Quizá ahora（**vivir**　　　　　　）en un mundo muy cerrado.
   おそらく私たちはとても閉ざされた世界に住んでいるのだろう。

8) Posiblemente sus amigos（**trabajar**　　　　　　）en aquella compañía.
   ひょっとすると彼女の友人たちはあの会社で働いているのかもしれない。

9) Tal vez no（**comprender**, *tú*　　　　　　）nuestra situación.
   おそらく君には私たちの状況が理解できないのだろう。

10) Quizás la puerta（**abrir**se　　　　　　）con esta llave.
    もしかするとそのドアはこの鍵で開くかもしれない。

③ 次の動詞をカッコ内の人称に合わせて接続法現在形に活用させましょう。

1) pensar（3単） （　　　　　　　　）　　11) volver（1複） （　　　　　　　　）

2) entender（1単） （　　　　　　　　）　　12) dormir（2複） （　　　　　　　　）

3) sentir（2単） （　　　　　　　　）　　13) repetir（1単） （　　　　　　　　）

4) cerrar（2複） （　　　　　　　　）　　14) comenzar（2単） （　　　　　　　　）

5) poder（3複） （　　　　　　　　）　　15) morir（2単） （　　　　　　　　）

6) pedir（1複） （　　　　　　　　）　　16) perder（1単） （　　　　　　　　）

7) empezar（1単） （　　　　　　　　）　　17) despertarse（3単） （　　　　　　　　）

8) querer（3複） （　　　　　　　　）　　18) divertirse（2複） （　　　　　　　　）

9) seguir（3単） （　　　　　　　　）　　19) moverse（3複） （　　　　　　　　）

10) contar（2複） （　　　　　　　　）　　20) acostarse（1複） （　　　　　　　　）

④ 日本語に合うように、カッコ内の不定詞を接続法現在形に活用させましょう。

1) ¡Ojalá (**divertir**se　　　　　　　　) ustedes!
楽しく過ごせるといいですね。

2) ¡Ojalá (**poder**, *tú*　　　　　　　　) terminarlo cuanto antes!
君ができるだけ早くそれを終えられますように。

3) ¡Ojalá mi niño (**acostar**se　　　　　　　　) pronto!
子供が早く寝てくれたらなあ。

4) ¡Ojalá ellos (**entender**　　　　　　　　) lo que dices!
君の言っていることを彼らが理解してくれるといいなあ。

5) ¡Ojalá (**seguir**, *vosotros*　　　　　　　　) bien con vuestros compañeros!
君たちが仲間と仲良くいられればいいね。

6) ¡Ojalá mi novia me (**contar**　　　　　　　　) lo que siente!
彼女が思っていることを話してくれるといいのに。

7) ¡Ojalá (**dormir**, *tú*　　　　　　　　) bien!
よく眠れますように。

8) ¡Ojalá (**volver**, *yo*　　　　　　　　) a verla!
もう一度彼女に会えますように。

9) ¡Ojalá no (**empezar**　　　　　　　　) a llover!
雨が降り始めませんように。

10) ¡Ojalá no (**sentir**se　　　　　　　　) mal!
彼らが気を悪くしませんように。

⑤ 次の動詞をカッコ内の人称に合わせて接続法現在形に活用させましょう。

1) traer（1複）　　（　　　　　　　） 　11) conducir（2単）　（　　　　　　　）
2) ofrecer（2単）　（　　　　　　　） 　12) salir（2複）　　（　　　　　　　）
3) hacer（1単）　　（　　　　　　　） 　13) conocer（2複）　（　　　　　　　）
4) saber（1複）　　（　　　　　　　） 　14) ver（3複）　　　（　　　　　　　）
5) tener（2単）　　（　　　　　　　） 　15) poner（3単）　　（　　　　　　　）
6) ir（3複）　　　　（　　　　　　　） 　16) haber（3単）　　（　　　　　　　）
7) venir（1単）　　（　　　　　　　） 　17) decir（3単）　　（　　　　　　　）
8) oír（1単）　　　（　　　　　　　） 　18) dar（1単）　　　（　　　　　　　）
9) construir（1複）（　　　　　　　） 　19) producir（3単）　（　　　　　　　）
10) estar（2単）　　（　　　　　　　） 　20) ser（2複）　　　（　　　　　　　）

⑥ 日本語に合うように、カッコ内の不定詞を接続法現在形に活用させましょう。

1) Quiero que（**ser**, *tú*　　　　　　　　　）más puntual.
　君にはもっと時間に正確な人になってもらいたい。

2) La jefa quiere que（**ir**　　　　　　　）a la reunión mañana.
　上司は私たちが明日の会議に行くことを望んでいる。

3) Queremos que（**tener**, *vosotros*　　　　　　　　）éxito en el examen.
　私たちは君たちが試験に受かってほしいと思っている。

4) ¿Quieres que Vanesa y Laura（**poner**se　　　　　　　　）aquellos vestidos?
　君はバネサとラウラにあのワンピースを着てほしいの？

5) No quiero que mi hermano（**conducir**　　　　　　　　）mi coche.
　私は弟に私の車を運転してほしくない。

6) Queréis que（**hacer**　　　　　　　）buen tiempo mañana, ¿verdad?
　君たちは明日いい天気になってほしいと思っているのですよね。

7) Sus amigos quieren que le（**salir**　　　　　　　　）bien la entrevista.
　あなたの友人たちはあなたの面接がうまくいくことを望んでいます。

8) Mis padres quieren que（**conocer**　　　　　　　　）más mundo.
　私の両親は私がもっと広い世界を知ることを望んでいる。

9) Quiero que（**venir**, *ustedes*　　　　　　　　）a verme.
　私はあなた方に会いに来てほしい。

10) Tu madre no quiere que（**ver**　　　　　　　　）tantos dibujos animados.
　君のお母さんは君にそんなにアニメを見てほしくないと思っている。

7 日本語に合うように、カッコ内の不定詞を接続法現在形に活用させましょう。

1) Le digo a mi hijo que (**ir**   ) al dentista.
   私は息子に歯医者に行くようにと言う。

2) Te decimos que (**sacar**   ) las entradas del teatro.
   私たちは君にその芝居のチケットを取るようにと言う。

3) Os digo que no (**leer**   ) tantos cómics.
   私は君たちにそんなにマンガを読まないようにと言う。

4) Les digo a mis alumnos que (**traer**   ) el nuevo libro de texto.
   私は生徒たちに新しい教科書を持ってくるようにと言う。

5) Mi madre me dice que (**cerrar**   ) todas las ventanas.
   母は私にすべての窓を閉めるようにと言う。

6) Mis amigos me dicen que les (**contar**   ) el secreto.
   私の友人たちは私に秘密を話すようにと言う。

7) Mis padres me dicen que (**ofrecer**   ) mi asiento a los ancianos.
   私の両親はお年寄りたちには座席を譲るようにと私に言う。

8) La profesora nos dice que (**repetir**   ) la frase.
   先生は私たちにそのフレーズを繰り返すようにと言う。

9) Tu hermana te dice que no (**tocar**   ) su móvil sin su permiso.
   君のお姉さんは勝手に彼女の携帯電話を触らないようにと君に言う。

10) El doctor les dice a los niños que (**lavar**se   ) las manos antes de comer.
    医者は子供たちに食事の前に手を洗うようにと言う。

30 名詞節内の接続法

1 日本語に合うように、カッコ内の不定詞を接続法現在形に活用させましょう。

1) Es mejor que (**coger**, *tú*   ) un taxi.
   君はタクシーを捕まえるほうがいい。

2) Es necesario que lo (**empezar**   ) ahora mismo.
   私たちがそれを今すぐ始めることが必要です。

3) Es importante que ellos mismos (**darse**   ) cuenta de eso.
   彼ら自身がそのことに気づくことが重要です。

4) Es natural que no (**saber**, *usted*   ) nadar.
   あなたが泳ぎを知らないのも当たり前です。

5) Es lógico que todo el mundo (**enfadar**se   ) al oírlo.
   みんながそれを聞いて怒るのは当然だ。

6) Es malo que él (**hablar**   ) de esa manera en público.
   彼が人前でそんな話し方をするのは良くない。

7) Es bueno que (**hacer**, *vosotros*   ) ejercicio.
   君たちが運動をするのはいいことだ。

8) Es posible que su padre (**trabajar**   ) aquí.
   彼の父親はここで働いているかもしれない。

9) Es probable que ya (**dejar**   ) de llover pronto.
   もう雨はやむかも知れない。

10) Es conveniente que (**aprender**, *tú*   ) a conducir.
    君が運転を覚えることはいいことだ。

2 日本語に合うように、カッコ内の不定詞を接続法現在形に活用させましょう。

1) Nuestro abuelo se alegra de que (**poder**   ) ir a la fiesta.
   私たちの祖父は私たちがパーティーに行けることを喜んでいる。

2) Siento que ya (**tener**, *usted*   ) que irse.
   あなたがもう行かなければならないとは残念です。

3) No me importa que el hotel (**ser**   ) caro.
   私はホテルが高くてもかまいません。

4) Me gusta que (**estar**, *vosotros*   ) felices con los regalos.
   私は君たちがプレゼントを喜んでくれてうれしいよ。

5) Nos molesta que (**hacer**, *tú*   ) ruido hasta las tantas.
   君がそんな遅くまで物音を立てることが私たちには迷惑です。

6) Ellos están contentos de que les (**escribir**   ) frecuentemente.
   彼らは私が頻繁に手紙を書いていることを喜んでいる。

7) Me sorprende que los niños (**querer**　　　　　　　　　) volver a casa ya.

私は子供たちがもう家に帰りたがっていることに驚いている。

8) Es extraño que no (**haber**　　　　　　　　　) nadie en casa a estas horas.

こんな時間に誰も家にいないとはおかしい。

9) Es una pena que (**ir**, *tú*　　　　　　　　　) a dejar tu trabajo.

君が仕事をやめるのは残念だ。

10) Es una lástima que no (**salir**　　　　　　　　　) adelante el proyecto.

計画がうまく進まないのは残念だ。

❸　[ ] の動詞は直説法現在形、( ) の動詞は接続法現在形に活用させましょう。

1) Te [**repetir**　　　　　　　] que (**venir**, *tú*　　　　　　　　　) enseguida.

私は君に直ちに来るようにと繰り返す。

2) [**Esperar**　　　　　　　] que él (**volver**　　　　　　　) a jugar.

私たちは彼がもう一度プレーできることを望んでいる。

3) [**Necesitar**　　　　　　　] que me (**ayudar**, *vosotros*　　　　　　　).

私は君たちに手伝ってもらう必要がある。

4) Nuestro padre nos [**mandar**　　　　　　] que (**decir**　　　　　　) la verdad.

父は私たちに真実を言うようにと命じる。

5) ¿Me [**prohibir**, *tú*　　　　　　] que (**ir**　　　　　　) a verlo?

君は私が彼に会いに行くことを禁止するの？

6) ¿Me [**permitir**　　　　　　] usted que le (**hacer**　　　　　　) una pregunta?

私が質問することをお許しいただけますか？

7) El mal tiempo nos [**impedir**　　　　　　] que (**salir**　　　　　　) de excursión.

悪天候のせいで私たちは遠足に出かけられない。

8) [**Desear**　　　　　　] que (**tener**, *usted*　　　　　　) buen viaje.

私たちはあなたがいい旅をすることを望んでいます。

9) El profesor les [**decir**　　　　　　] que (**leer**, *ellos*　　　　　　) este libro.

先生は彼らにこの本を読むようにと言う。

10) Te [**ordenar**　　　　　　] que (**levantar**se, *tú*　　　　　　) temprano.

彼らは君に早く起きるようにと命令する。

4 例にならって、主節を否定文にした文を完成させましょう。

例）Creo que ellos me ayudan.　私は彼らが手伝ってくれると思う。
→ *No creo que ellos me ayuden.*　私は彼らが手伝ってくれるとは思わない。

1) Parece que te sientes cansado.　君は疲れているように見える。

→

2) Es cierto que mi madre sabe la verdad.　母が真実を知っているというのは本当だ。

→

3) Es seguro que él se va de este país.　彼がこの国から出て行くことは確かだ。

→

4) Creo que hace mal tiempo mañana.　明日は天気が悪くなると思う。

→

5) Él piensa que tenemos la culpa de todo.　彼は私たちが全部悪いのだと思っている。

→

6) Creemos que ustedes están de acuerdo con ella.　私たちはあなた方が彼女と同じ意見だと
思う。

→

7) Es cierto que ella se pone nerviosa en el escenario.　彼女が舞台で緊張するのは本当だ。

→

8) Pienso que lo dicen en serio.　私は彼らが本気で言っていると思う。

→

9) Estoy seguro de que las chicas conocen a ese señor.　私は女の子たちがその男性を知って
いると確信している。

→

10) Me parece que le gustan los animales.　私には彼女は動物好きであるように思える。

→

5 日本語に合うように、カッコ内の選択肢から正しいものを選びましょう。

1) Me parece que los niños (están / estén) de buen humor.
子供たちは機嫌がいいようだ。

2) Es importante que tú (llegas / llegues) a tiempo.
君が時間通りに到着することが重要だ。

3) ¿Es cierto que su hermano (tiene / tenga) que irse de este pueblo?
彼の兄がこの村を出なければならないのは本当かい？

4) Nos gusta que vosotros (conocéis / conozcáis) Ecuador.
君たちがエクアドルに行けるとはうれしい。

5) No me importa que ustedes me (visitan / visiten) a cualquier hora.
あなた方が何時に来てくださっても私はかまいません。

6) A lo mejor ellos ya (quieren / quieran) dormirse.

おそらく彼らはもう眠いのでしょう。

7) Es posible que (nieva / nieve) pronto.

まもなく雪が降るかもしれません。

8) No es seguro que (podemos / podamos) tomarnos unas vacaciones.

私たちが休暇を取れるかどうかは分かりません。

9) Creemos que (viene / venga) Cecilia.

私たちはセシリアが来ると思っている。

10) Es probable que el avión (sale / salga) del aeropuerto con retraso.

飛行機は遅れて空港を発つかもしれない。

写真を「読む」① MADRID, ESPAÑA（マドリード・スペイン）

Se envían flores a domicilio. Tno. 522 . . .

「花を宅配します。電話は 522…」

＊マドリードの街路（プラド通り Paseo del Prado）で見かけた花屋。草花の好きなスペイン人は、花の宅配を注文することも。

関係節内の接続法

1 日本語に合うように、カッコ内の不定詞を接続法現在形に活用させましょう。

1) Necesitamos unos empleados que (**saber**　　　　　　) hablar dos idiomas.
  私たちは2言語を話せる従業員を何人か求めている。

2) Se busca un camarero que (**trabajar**　　　　　　) por la noche.
  夜働くウェイターを探しています。

3) Pensamos comprar un piso que (**dar**　　　　　　) a la calle.
  私たちは通りに面した家を買おうと思っています。

4) Puedes quedarte con los libros que te (**gustar**　　　　　　).
  君は好きな本をもらっていいよ。

5) Vamos a comprar un coche que no (**hacer**　　　　　　) daño al medio ambiente.
  私たちは環境を損なわない車を買うつもりです。

6) No hay nadie que te (**entender**　　　　　　).
  君を理解してくれる人は誰もいない。

7) Voy a mudarme a una casa que no (**ser**　　　　　　) tan cara.
  私はそんなに高くない家に引っ越すつもりです。

8) Vamos a hacer todo el esfuerzo que (**poder**　　　　　　).
  私たちはできる限りの努力をするつもりです。

9) ¿Conoces algún ingeniero que (**tener**　　　　　　) mucha experiencia?
  君は十分に経験を積んだエンジニアを誰か知っているかい？

10) Quiero unos zapatos que (**ir**　　　　　　) bien con esta falda.
  私はこのスカートに合う靴が欲しい。

2 日本語に合うように、カッコ内の選択肢から正しいものを選びましょう。

1) Buscamos al camarero que (trabaja / trabaje) por la noche aquí.
  私たちは夜間にここで働いているウェイターを探している。

2) Necesitamos unos taxistas que (conocen / conozcan) bien el barrio.
  私たちはその地区を良く知っているタクシー運転手を数名求めています。

3) Tenemos un chófer que (conduce / conduzca) coches extranjeros.
  私たちには外車を運転する運転手がいる。

4) Comprad la casa que (está / esté) cerca de la costa.
  君たちは海岸の近くにあるその家を買いなさい。

5) ¿Hay alguien que (puede / pueda) ayudarte?
  君を手伝ってくれる人は誰かいますか？

6) ¿Conoces al chico que (sabe / sepa) hablar alemán?
  君はドイツ語を話せるその男の子を知っていますか？

7) Quiero comprar una falda que (va / vaya) bien con esta blusa.

私はこのブラウスに合うようなスカートを買いたい。

8) Trata de tomar verduras que (tienen / tengan) vitamina A.

ビタミン A を含んでいる野菜を摂るように努めなさい。

9) No hay nadie que me (lleva / lleve) al colegio.

私を学校に連れて行ってくれる人は誰もいない。

10) Me gusta la tableta que (pesa / pese) poco.

私は重くないそのタブレットが気に入っている。

3 日本語に合うように、カッコ内の選択肢から正しいものを選びましょう。

1) Nuestros padres siempre nos compran lo que no (queremos / queramos).

私たちの両親は私たちが望まないものをいつも買ってくれる。

2) Vamos a meter el coche donde (podemos / podamos).

入れられるところがあればそこに車を入れましょう。

3) Puedes comer cuanto (quieres / quieras).

好きなだけ食べていいよ。

4) Quiere crear una academia donde se (enseñan / enseñen) idiomas extranjeros.

彼女は外国語を教える学校を作りたいと思っている。

5) Esta es la oficina donde (trabajan / trabajen) los chicos.

ここがその少年たちが働いているオフィスです。

6) Dime lo que (piensas / pienses) ahora.

今思っていることを言ってごらん。

7) El que (tiene / tenga) preguntas, que levante la mano.

質問のある人は手を挙げてください。

8) Los que (están / estén) de acuerdo conmigo me apoyarán en la reunión.

私に同意している人たちは会議で私をサポートしてくれるだろう。

9) Podéis quedaros con todo lo que os (gusta / guste).

君たちは好きなものは何でも持っていっていいよ。

10) Enséñame lo que (llevas / lleves) en la mano.

手に持っているものを私に見せなさい。

32 副詞節内の接続法

1 日本語に合うように、カッコ内の不定詞を接続法現在形に活用させましょう。

1) Vamos a salir de aquí sin que nos (**ver**   ) nadie.
誰からも見られないようにここから出よう。

2) Te mando un e-mail para que (**saber**, *tú*   ) lo que está ocurriendo.
何が起こっているのかが君にも分かるようにメールを送るよ。

3) No debes levantarte hasta que (**mejorar**se, *tú*   ).
良くなるまで起き上がってはいけません。

4) Antes de que (**hacer**se   ) de noche volvemos a casa.
夜になる前に家に戻りましょう。

5) Tan pronto como (**terminar**, *yo*   ) el examen te llamaré.
試験が終わったらすぐに君に電話するよ。

6) A no ser que (**ir**   ) en taxi llegaremos tarde a la ceremonia.
タクシーで行かないと私たちは式典に遅刻してしまうよ。

7) Quiero ser jugadora de fútbol cuando (**ser**   ) mayor.
大きくなったら私はサッカー選手になりたい。

8) Aunque no (**tener**   ) ganas, tienes que ir a la cita.
気が進まなくても約束には行かなければいけないよ。

9) Te diré el secreto con tal de que no se lo (**decir**   ) a nadie.
誰にも言わないなら君に秘密を教えましょう。

10) En caso de que (**tener**   ) problemas, no dudéis en avisarme.
問題がある場合には遠慮なく知らせてください。

2 日本語に合うように、カッコ内の選択肢から正しいものを選びましょう。

1) Cuando (venir / viene / venga) a Tokio, póngase en contacto con nosotros, por favor.
東京に来たら私たちにご連絡ください。

2) Sal de casa sin que tu hermanito (darse / se da / se dé) cuenta.
弟に気づかれないように家から出なさい。

3) Mientras mi madre (estar / está / esté) en la oficina, me quedo siempre solo en casa.
母がオフィスにいる間、私はいつも家に一人でいる。

4) Nos marchamos sin (decirles / les decimos / les digamos) nada.
彼らに何も言わずに失礼しよう。

5) Mientras yo no (terminar / termino / termine) de preparar la comida, no debes entrar en la cocina.
食事の準備が済むまでは、キッチンに入ってはだめよ。

6) Aunque no (tener / tienes / tengas) tiempo, tienes que verlo.

たとえ時間がなくても、君は彼に会わなければいけないよ。

7) Te visito para (decirte / te digo / te diga) una cosa.

私はあることを伝えるために君のところに行く。

8) Cuando (ir / vamos / vayamos) a visitarla, le compramos siempre un ramo de flores.

彼女のところに行くときには、私たちはいつも彼女に花束を買っていく。

9) Tengo que salir a trabajar, aunque (hacer / hace / haga) muy mal tiempo.

天気がとても悪いが、私は仕事に出かけなければならない。

10) Os lo repito para que lo (comprender / comprendéis / comprendáis) mejor.

君たちがもっと理解できるようにそれを繰り返すよ。

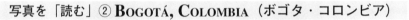

写真を「読む」② Bogotá, Colombia （ボゴタ・コロンビア）

Si su niño sobrepasa los 90 cms de estatura paga tiquete.

「お子様の身長が90センチ以上の場合は、チケット購入のこと。」

＊コロンビア、ボゴタにある Monserrate の丘に登るロープウェイ乗り場で見かけた注意書き。
tiquete は英語 ticket からの借用語。cms は centímetros を意味するが、省略する場合、正しく
は s なしの cm を使う。

33 接続法現在完了

接続法現在完了

1 次の動詞をカッコ内の人称に合わせて接続法現在完了形に活用させましょう。

1) terminar (3複)　（　　　　　　　　　　　　　）
2) tener (1複)　（　　　　　　　　　　　　　）
3) salir (2単)　（　　　　　　　　　　　　　）
4) volver (2複)　（　　　　　　　　　　　　　）
5) conocer (3単)　（　　　　　　　　　　　　　）
6) escribir (1単)　（　　　　　　　　　　　　　）
7) empezar (2単)　（　　　　　　　　　　　　　）
8) leer (1複)　（　　　　　　　　　　　　　）
9) ir (2複)　（　　　　　　　　　　　　　）
10) decir (3単)　（　　　　　　　　　　　　　）
11) hacer (3複)　（　　　　　　　　　　　　　）
12) dar (1複)　（　　　　　　　　　　　　　）
13) morir (2単)　（　　　　　　　　　　　　　）
14) ver (2複)　（　　　　　　　　　　　　　）
15) devolver (3単)　（　　　　　　　　　　　　　）
16) cubrir (3複)　（　　　　　　　　　　　　　）
17) venir (2単)　（　　　　　　　　　　　　　）
18) abrir (3単)　（　　　　　　　　　　　　　）
19) ponerse (1単)　（　　　　　　　　　　　　　）
20) mejorarse (1複)　（　　　　　　　　　　　　　）

2 日本語に合うように、カッコ内の不定詞を接続法現在完了形に活用させましょう。

1) Me alegro de que (**tener**, *tú*　　　　　　　　　　　　　) éxito.
   私は君が成功してうれしい。

2) No crees que el proyecto (**salir**　　　　　　　　　　　) bien.
   君はその計画がうまく行ったとは思っていない。

3) Están contentos de que por fin (**conocer**se　　　　　　　　　　　).
   彼らは私たちがついに知り合うことができたのを喜んでいる。

4) Es una pena que ya (**ir**se　　　　　　　　　　　) los invitados.
   お客さんがもう帰ってしまったとは残念だ。

5) No parece que el estudiante (**leer**　　　　　　　　　　　) este libro.
   その学生がこの本を読んだようには見えない。

6) No creemos que las chicas ya (**volver**　　　　　　　　　　　) de la escuela.
   私たちはその女の子たちが学校から戻ってきたとは思っていない。

7) Es una lástima que le (**decir**, *tú*   ) cosas así.
   君が彼にそんなことを言ったとは残念だ。

8) Me sorprende que lo (**hacer**, *vosotros*   ) solos.
   私は君たちがそれを自分たちだけでやったことに驚いている。

9) Es natural que (**poner**se   ) de mal humor.
   私たちが不機嫌になったのも当然だ。

10) No parece que (**ver**, *usted*   ) la película.
    あなたがその映画を見たようには思えません。

11) Me sorprende que ustedes ya (**empezar**   ) a trabajar.
    あなた方がもう仕事をし始めたとは驚きだ。

12) Espero que (**abrir**   ) la tienda antes de las once.
    彼らが11時までには店を開けてしまっていることを望んでいる。

13) No es seguro que el monte Fuji (**cubrir**se   ) de nieve.
    富士山が雪に覆われてしまったかははっきりしない。

14) Esperamos que (**mejorar**se, *tú*   ) ya.
    私たちは君がもう良くなっていることを期待している。

15) No creen que (**terminar**   ) las tareas.
    彼らは私が宿題を終えてしまったとは思っていない。

16) No es cierto que él me (**devolver**   ) el dinero.
    彼が私にお金を返したということはない。

17) No me importa que todavía no (**escribir**, *tú*   ) el artículo.
    私は君がまだその記事を書いていなくてもかまわない。

18) No estoy seguro de que el chico (**venir**   ) a la oficina.
    その少年が事務所に来たかどうかは分からない。

19) Desea que todavía no (**dar**, *vosotros*   ) la noticia.
    彼は君たちがまだその知らせを伝えていないことを望んでいる。

20) Siento que su padre (**morir**se   ) en el accidente.
    私は彼女の父親がその事故で亡くなったことを残念に思っている。

34

接続法過去

1 次の動詞をカッコ内の人称に合わせて接続法過去 **-ra** 形に活用させましょう。

1) estudiar（3単）（　　　　　　　）
2) beber（3複）（　　　　　　　）
3) escribir（2複）（　　　　　　　）
4) pensar（1単）（　　　　　　　）
5) entender（2単）（　　　　　　　）

6) abrir（2単）（　　　　　　　）
7) trabajar（1複）（　　　　　　　）
8) vender（1単）（　　　　　　　）
9) decidir（2複）（　　　　　　　）
10) levantarse（3単）（　　　　　　　）

2 次の動詞をカッコ内の人称に合わせて接続法過去 **-se** 形に活用させましょう。

1) comprar（3単）（　　　　　　　）
2) volver（1単）（　　　　　　　）
3) subir（2単）（　　　　　　　）
4) empezar（1複）（　　　　　　　）
5) perder（2複）（　　　　　　　）

6) vivir（3単）（　　　　　　　）
7) entrar（1単）（　　　　　　　）
8) aprender（2単）（　　　　　　　）
9) salir（1複）（　　　　　　　）
10) acostarse（3複）（　　　　　　　）

3 日本語に合うように、カッコ内の不定詞を接続法過去形に活用させましょう。

1) Quería que (**entrar**, *tú*　　　　　　　) en esta universidad.
   私は君にこの大学に入ってほしいと思っていた。

2) Nos dijeron que (**acostar**se　　　　　　　) pronto.
   私たちは早く寝るようにと言われた。

3) Me prohibieron que (**salir**　　　　　　　) a la calle.
   私は外出を禁じられた。

4) La doctora no te permitía que (**beber**　　　　　　　).
   医者は君が酒を飲むことを許していなかった。

5) Les pedí que (**subir**　　　　　　　) las cajas a la segunda planta.
   私は彼らに箱を2階に運ぶように頼んだ。

6) Sus padres esperaban que (**trabajar**　　　　　　　) en esta oficina.
   あなたのご両親はあなたがこのオフィスで働くことを希望していた。

7) Os mandé que (**volver**　　　　　　　) directamente a casa.
   私は君たちに直接帰宅するようにと命じた。

8) Necesitaba que le (**comprar**, *tú*　　　　　　　) medicinas.
   彼は君が薬を買ってくれることを必要としていた。

9) Te repetíamos que le (**escribir**　　　　　　　) una carta de disculpas.
   私たちは彼女に謝罪の手紙を書くようにと君に繰り返し言っていた。

10) La tormenta le impidió que (**empezar**　　　　　　　) el ensayo.
    嵐のせいで彼はリハーサルを始めることができなかった。

④ 次の動詞をカッコ内の人称に合わせて接続法過去 **-ra** 形に活用させましょう。

1) dormir（3単）　　（　　　　　　　　　）　　4) repetir（2複）　　（　　　　　　　　　）

2) preferir（2単）　（　　　　　　　　　）　　5) sentirse（1単）　（　　　　　　　　　）

3) pedir（3複）　　（　　　　　　　　　）

⑤ 次の動詞をカッコ内の人称に合わせて接続法過去 **-se** 形に活用させましょう。

1) morir（3複）　　（　　　　　　　　　）　　4) elegir（3複）　　（　　　　　　　　　）

2) seguir（1単）　　（　　　　　　　　　）　　5) divertirse（3単）（　　　　　　　　　）

3) servir（2単）　　（　　　　　　　　　）

⑥ 日本語に合うように、カッコ内の不定詞を接続法過去形に活用させましょう。

1) Era natural que（**sentir**se　　　　　　　　　　） cansado.
　　彼が疲れているのも当然だった。

2) Me extrañaba que（**preferir**, *vosotros*　　　　　　　　　） iros.
　　君たちが帰ることのほうを望むのを私は奇妙に思っていた。

3) Fue necesario que nos（**repetir**, *usted*　　　　　　　　　） la explicación.
　　あなたが私たちに説明を繰り返すことが必要だった。

4) Me alegró que（**divertir**se, *tú*　　　　　　　　　） en la fiesta.
　　私は君がパーティーで楽しんでいることがうれしかった。

5) No pensábamos que Rubén（**elegir**　　　　　　　　　） quedarse allí.
　　私たちはルベンがあそこにとどまることを選ぶとは思っていなかった。

6) Estaban contentos de que（**seguir**　　　　　　　　　） estudiando.
　　彼らは私たちが勉強し続けていることに満足していた。

7) Era importante que（**dormir**, *ustedes*　　　　　　　　　） más.
　　あなた方にはもっと眠ることが大切だった。

8) Es imposible que mi amigo（**pedir**　　　　　　　　　） alcohol.
　　私の友達がアルコールを頼んだなんてありえない。

9) No era seguro que estos datos nos（**servir**　　　　　　　　　） de algo.
　　これらのデータが何かの役に立つのかどうか分からなかった。

10) Sentí que la protagonista（**morir**　　　　　　　　　） en la escena siguiente.
　　私は主人公が次のシーンで亡くなってしまうのを残念に思った。

7 次の動詞をカッコ内の人称に合わせて接続法過去 **-ra** 形に活用させましょう。

1) leer（1複）　　　（　　　　　　　　）　　6) haber（1単）　　（　　　　　　　　）
2) caer（2単）　　　（　　　　　　　　）　　7) querer（2単）　　（　　　　　　　　）
3) estar（3複）　　　（　　　　　　　　）　　8) traer（3単）　　（　　　　　　　　）
4) hacer（1単）　　　（　　　　　　　　）　　9) conducir（2複）　（　　　　　　　　）
5) saber（3単）　　　（　　　　　　　　）　　10) dar（1複）　　　（　　　　　　　　）

8 次の動詞をカッコ内の人称に合わせて接続法過去 **-se** 形に活用させましょう。

1) oír（2複）　　　　（　　　　　　　　）　　6) poner（1複）　　（　　　　　　　　）
2) creer（2単）　　　（　　　　　　　　）　　7) venir（2単）　　（　　　　　　　　）
3) tener（3単）　　　（　　　　　　　　）　　8) decir（1単）　　（　　　　　　　　）
4) poder（1単）　　　（　　　　　　　　）　　9) ver（3複）　　　（　　　　　　　　）
5) andar（2複）　　　（　　　　　　　　）　　10) ser（3単）　　　（　　　　　　　　）

9 日本語に合うように、カッコ内の不定詞を接続法過去形に活用させましょう。

1) Estaba contenta de que su abuelo（**estar**　　　　　　　　　　）bien de salud.
　彼女は祖父が元気で喜んでいた。

2) En la guardería me pidieron que（**leer**　　　　　　　　）cuentos a los niños.
　保育園では子供にお話を読んでほしいと頼まれた。

3) Necesitaron que les（**decir**　　　　　　　　　）la verdad.
　私たちが本当のことを言うことが彼らには必要だった。

4) El entrenador mandó a los chicos que（**hacer**　　　　　　　　）ejercicios con la pelota.
　監督は少年たちにボールを使って練習をするように命じた。

5) Nos extrañó que nadie（**querer**　　　　　　　　）jugar con ellos.
　誰も彼らと遊びたがらないことを私たちは不審に思った。

6) Os dije que（**traer**　　　　　　　　）los diccionarios, ¿no?
　私は君たちに辞書を持ってくるように言いましたよね？

7) Sentíamos que no（**poder**, *tú*　　　　　　　　）venir a la cena en el restaurante.
　君がレストランでの夕食に来られないことを私たちは残念に思っていた。

8) Fue una pena que（**tener**, *ustedes*　　　　　　　　）que irse tan pronto.
　あなた方がそんなに早く帰らなければならないのは残念でした。

9) No me importaba que no me（**creer**, *vosotros*　　　　　　　　）.
　私は君たちに信じてもらえなくてもかまわなかった。

10) Esperaba que mis padres me（**dar**　　　　　　　　）regalos de Navidad.
　私は両親がクリスマスのプレゼントをくれるだろうと期待していた。

10 日本語に合うように、カッコ内の不定詞を接続法過去形に活用させましょう。

1) Quisimos encontrar un bar que (**servir**) comida típica de esta región.
この地方の名物料理を出してくれるバルを見つけたいと思った。

2) Pensábamos salir cuando (**sentir**se) mejor.
私たちは彼女の具合が良くなったら出かけようと考えていた。

3) Sería mejor que (**ir**, *usted*) al hospital.
あなたは病院にいらしたほうがいいでしょう。

4) Quería unos vaqueros que no me (**quedar**) tan estrechos.
あんまりきつくないジーンズが欲しかった。

5) Habló como si lo (**saber**) todo.
彼は何もかも知っているかのように話した。

6) No había nadie que le (**caer**) bien al jefe.
その上司とうまくやれる人は誰もいなかった。

7) Conseguimos salir de casa sin que nuestros padres (**dar**se) cuenta.
我々は両親に気づかれることなく家から出ることができた。

8) Sería conveniente que (**aprender**, *vosotros*) a conducir.
君たちは運転を覚えたほうが便利でしょう。

9) Busqué una sombra para que (**poder**, *tú*) descansar.
私は君が休めるように日陰を探した。

10) Tuvimos que volver a casa antes de que (**despertar**se) la familia.
私たちは家族が目を覚ます前に家に戻らなければならなかった。

接続法過去完了

1 次の動詞をカッコ内の人称に合わせて接続法過去完了 **-ra** 形と **-se** 形のそれぞれに活用させましょう。

1) ayudar（3単）　　（　　　　　　　　　　　　　　　　　　）
2) leer（1複）　　（　　　　　　　　　　　　　　　　　　）
3) ir（2単）　　（　　　　　　　　　　　　　　　　　　）
4) dar（2複）　　（　　　　　　　　　　　　　　　　　　）
5) entender（3複）　　（　　　　　　　　　　　　　　　　　　）
6) poner（1単）　　（　　　　　　　　　　　　　　　　　　）
7) traer（2単）　　（　　　　　　　　　　　　　　　　　　）
8) venir（1単）　　（　　　　　　　　　　　　　　　　　　）
9) llegar（3複）　　（　　　　　　　　　　　　　　　　　　）
10) hacer（2複）　　（　　　　　　　　　　　　　　　　　　）
11) volver（1単）　　（　　　　　　　　　　　　　　　　　　）
12) escribir（3単）　　（　　　　　　　　　　　　　　　　　　）
13) terminar（1複）　　（　　　　　　　　　　　　　　　　　　）
14) resolver（1複）　　（　　　　　　　　　　　　　　　　　　）
15) abrir（2単）　　（　　　　　　　　　　　　　　　　　　）
16) decir（3複）　　（　　　　　　　　　　　　　　　　　　）
17) morir（1単）　　（　　　　　　　　　　　　　　　　　　）
18) romper（2複）　　（　　　　　　　　　　　　　　　　　　）
19) acostarse（1複）　　（　　　　　　　　　　　　　　　　　　）
20) verse（3単）　　（　　　　　　　　　　　　　　　　　　）

2 日本語に合うように、カッコ内の不定詞を接続法過去完了形に活用させましょう。

1) No creía que su amigo（**venir**　　　　　　　　　　）aquí.
　　彼は友達がここに来たとは思っていなかった。

2) Estaba contento de que me（**ayudar**, *vosotros*　　　　　　　　　　）mucho.
　　私は君たちがたくさん手伝ってくれたことがうれしかった。

3) No parecía que los alumnos（**terminar**　　　　　　　　　　）las tareas.
　　生徒たちが宿題を終えたとは思えなかった。

4) Fue una lástima que él no（**leer**　　　　　　　　　　）tu artículo.
　　彼が君の論文を読んでいなかったのは残念だった。

5) Me alegró mucho que（**llegar**, *tú*　　　　　　　　　　）bien.
　　私は君が無事に着いてとてもうれしかった。

6) Era lógico que no te (**hacer**　　　　　　　　) caso.
　彼が君のことを相手にしなかったのは当然だった。

7) Era imposible que (**escribir**　　　　　　　　) poemas.
　彼らが詩を書いたなんてありえないことだった。

8) Sentí que mi perro (**morir**se　　　　　　　　) de repente.
　犬が急に死んでしまって私は悲しかった。

9) Le sorprendió que su madre (**volver**　　　　　　　　) de la oficina muy temprano.
　彼女は母親がとても早く会社から帰ってきたことに驚いた。

10) No creyeron que (**ver**　　　　　　) a Alfonso en aquel lugar.
　彼らは私があの場所でアルフォンソと会ったことを信じなかった。

11) No había nadie que (**entender**　　　　　　　) su explicación.
　彼らの説明を理解できた人は誰もいなかった。

12) No creíamos que (**resolver**, *ustedes*　　　　　　　　) el problema.
　私たちはあなた方が問題を解いたとは思っていなかった。

13) Tenía miedo de que mi hijo (**romper**　　　　　　　) la obra.
　私は息子が作品を壊したのではないかと恐れていた。

14) Me alegró que me (**traer**　　　　　　) regalos de cumpleaños.
　彼らが私に誕生日プレゼントを持ってきてくれたことはうれしかった。

15) No era posible que (**dar**　　　　　　) las doce cuando llegamos a casa.
　私たちが家に着いたときには12時を回っていたなんてありえないことだった。

16) Era natural que todavía no (**abrir**　　　　　　　) el restaurante.
　まだそのレストランが開いていなかったのは当たり前だった。

17) Me extrañaba que (**poner**se, *vosotros*　　　　　　) pálidos al oírlo.
　君たちがそれを聞いて青ざめたのを私は変に思った。

18) Era una lástima que ese señor no les (**decir**　　　　　　) nada importante.
　その男性が大切なことは何も彼女たちに言わなかったのは残念なことだった。

19) No era seguro que los niños ya (**acostar**se　　　　　　) antes de medianoche.
　深夜12時前に子供たちがもう寝てしまっているかどうかはっきりしなかった。

20) Me dio mucha pena que mi mejor amigo (**ir**se　　　　　　) de la escuela.
　私は親友が学校をやめてしまったのをとても残念に思った。

36

命令文

1 次の動詞をカッコ内の人称に合わせて肯定命令形に活用させましょう。

1) hablar (tú) ( )	11) cambiar (vosotros) ( )
2) estudiar (vosotros) ( )	12) escuchar (ustedes) ( )
3) leer (usted) ( )	13) dejar (ustedes) ( )
4) preguntar (vosotros) ( )	14) tomar (usted) ( )
5) pasar (tú) ( )	15) entrar (nosotros) ( )
6) escribir (tú) ( )	16) acompañar (usted) ( )
7) comer (vosotros) ( )	17) contestar (tú) ( )
8) preparar (usted) ( )	18) abrir (nosotros) ( )
9) creer (ustedes) ( )	19) decidir (vosotros) ( )
10) subir (nosotros) ( )	20) recibir (tú) ( )

2 次の動詞をカッコ内の人称に合わせて肯定命令形に活用させましょう。

1) salir (tú) ( )	11) venir (usted) ( )
2) empezar (usted) ( )	12) decir (ustedes) ( )
3) dormir (usted) ( )	13) ir (tú) ( )
4) pedir (vosotros) ( )	14) tener (tú) ( )
5) jugar (nosotros) ( )	15) traducir (vosotros) ( )
6) hacer (tú) ( )	16) recordar (tú) ( )
7) traer (usted) ( )	17) oír (ustedes) ( )
8) salir (usted) ( )	18) conducir (usted) ( )
9) repetir (ustedes) ( )	19) venir (tú) ( )
10) decir (usted) ( )	20) poner (tú) ( )

3 次の動詞をカッコ内の人称に合わせて否定命令形に活用させましょう。

1) no decir (nosotros) ( )	11) no pedir (tú) ( )
2) no ir (vosotros) ( )	12) no tener (nosotros) ( )
3) no cerrar (usted) ( )	13) no volver (ustedes) ( )
4) no apagar (ustedes) ( )	14) no poner (ustedes) ( )
5) no creer (tú) ( )	15) no trabajar (tú) ( )
6) no salir (usted) ( )	16) no comprar (tú) ( )
7) no escribir (ustedes) ( )	17) no venir (ustedes) ( )
8) no dormir (vosotros) ( )	18) no construir (ustedes) ( )
9) no pensar (vosotros) ( )	19) no perder (usted) ( )
10) no abrir (tú) ( )	20) no hacer (tú) ( )

4 次の動詞を肯定命令形に活用させ、さらに目的格人称代名詞を用いて書き換えましょう。

例）[**Enseñar**le, las fotos].（tú）　→ *Enséñale las fotos.*
　　彼に写真を見せなさい。
　　→ *Enséñaselas.*
　　　彼にそれらを見せなさい。

1）[**Decir**me, la noticia].（tú）　→ _____ → _____
　　その知らせを教えて。

2）[**Abrir**, el sobre].（ustedes）　→ _____ → _____
　　封筒を開けてください。

3）[**Limpiar**, la habitación].（tú）　→ _____ → _____
　　部屋を掃除しなさい。

4）[**Dar**me, la dirección].（vosotros）→ _____ → _____
　　住所を教えて。

5）[**Bajar**, la música].（nosotros）　→ _____ → _____
　　音楽の音量を下げましょう。

6）[**Recordar**, la fecha].（vosotros）→ _____ → _____
　　その日付を覚えておきなさい。

7）[**Leer**, la página].（tú）　→ _____ → _____
　　そのページを読みなさい。

8）[**Llevar**le, este paquete].（usted）→ _____ → _____
　　彼女にこの小包を持って行ってください。

9）[**Preparar**les, la cena].（tú）　→ _____ → _____
　　彼らに夕食の準備をしてあげなさい。

10）[**Mostrar**nos, el pasaporte].（usted）→ _____ → _____
　　私たちにパスポートを見せてください。

5 次の動詞を否定命令形に活用させ、さらに目的格人称代名詞を用いて書き換えましょう。

例）No [**poner**, la tele].（tú）　→ *No pongas la tele.*
　　テレビをつけないで。
　　→ *No la pongas.*
　　　それをつけないで。

1）No [**dejar**, la llave] aquí.（usted）　→ _____ → _____
　　ここに鍵を置かないでください。

89

2) No [**traer**, el coche]. (tú) →_____ → _____
   車で来ないで。

3) No [**tomar**, ese café]. (tú) →_____ → _____
   そのコーヒーを飲まないで。

4) No les [**decir**, la verdad]. (ustedes) →_____ → _____
   彼らに本当のことを言わないでください。

5) No [**abrir**, esa puerta]. (vosotros) →_____ → _____
   そのドアを開けないで。

6) No [**invitar**, a Victoria]. (tú) →_____ → _____
   ビクトリアを招待しないで。

7) No [**tocar**, el cuadro]. (ustedes) →_____ → _____
   その絵に触れないでください。

8) No [**usar**, el tenedor]. (ustedes) →_____ → _____
   フォークを使わないでください。

9) No [**repetir**, la misma pregunta]. (tú) →_____ → _____
   同じ質問を繰り返さないで。

10) No le [**mandar**, este informe]. (ustedes) →_____ → _____
   この報告書を彼女に送らないでください。

6 次の再帰動詞をカッコ内の主語に合わせて肯定命令形に活用させましょう。

1) sentarse (nosotros) (　　　　　　　　　　　　　　)

2) acostarse (vosotros) (　　　　　　　　　　　　　　)

3) levantarse (ustedes) (　　　　　　　　　　　　　　)

4) ponerse (usted) (　　　　　　　　　　　　　　)

5) quitarse (tú) (　　　　　　　　　　　　　　)

6) quedarse (nosotros) (　　　　　　　　　　　　　　)

7) casarse (usted) (　　　　　　　　　　　　　　)

8) lavarse (ustedes) (　　　　　　　　　　　　　　)

9) irse (tú) (　　　　　　　　　　　　　　)

10) ducharse (vosotros) (　　　　　　　　　　　　　　)

7 次の再帰動詞をカッコ内の主語に合わせて否定命令形に活用させましょう。

1) no preocuparse（tú）　　　　（　　　　　　　　　　　　）

2) no ponerse（ustedes）　　　　（　　　　　　　　　　　　）

3) no quitarse（vosotros）　　　　（　　　　　　　　　　　　）

4) no quedarse（usted）　　　　（　　　　　　　　　　　　）

5) no casarse（tú）　　　　（　　　　　　　　　　　　）

6) no levantarse（nosotros）　　（　　　　　　　　　　　　）

7) no lavarse（usted）　　　　（　　　　　　　　　　　　）

8) no irse（ustedes）　　　　（　　　　　　　　　　　　）

9) no bañarse（vosotros）　　　　（　　　　　　　　　　　　）

10) no sentarse（tú）　　　　（　　　　　　　　　　　　）

8 日本語に合うように、カッコ内の不定詞を命令形に活用させましょう。

1) No（**tener**, *tú*　　　　　　　　）miedo.
怖がらないで。

2) （**Portar**se, *vosotros*　　　　　　　　）bien.
行儀よくしなさい。

3) （**Subir**, *ustedes*　　　　　　　　）por esta escalera.
この階段からお上りください。

4) No nos（**ir**, *nosotros*　　　　　　　　）todavía.
まだ帰らないでおこう。

5) （**Llamar**me, *usted*　　　　　　　　）más tarde.
もっと後でお電話ください。

6) No les（**decir**, *vosotros*　　　　　　　　）nada todavía.
まだ彼らに何も言わないで。

7) （**Esperar**nos, *ustedes*　　　　　　　　）a la salida del metro.
地下鉄の出口で待っていてください。

8) （**Quedar**se, *usted*　　　　　　　　）más con nosotros.
もっと私たちと一緒にいてください。

9) No（**tocar**, *vosotros*　　　　　　　　）nada en esta sala.
この部屋にあるものに何も触らないで。

10) （**Leer**, *ustedes*　　　　　　　　）estas instrucciones.
この説明書をお読みください。

37

数　詞

1 数字をスペイン語で書きましょう。

1) 53　＿＿＿＿＿＿＿＿＿＿＿＿＿＿＿＿＿＿
2) 98　＿＿＿＿＿＿＿＿＿＿＿＿＿＿＿＿＿＿
3) 104　＿＿＿＿＿＿＿＿＿＿＿＿＿＿＿＿＿＿
4) 112　＿＿＿＿＿＿＿＿＿＿＿＿＿＿＿＿＿＿
5) 270　＿＿＿＿＿＿＿＿＿＿＿＿＿＿＿＿＿＿
6) 1.800　＿＿＿＿＿＿＿＿＿＿＿＿＿＿＿＿＿＿
7) 2.414　＿＿＿＿＿＿＿＿＿＿＿＿＿＿＿＿＿＿
8) 6.910　＿＿＿＿＿＿＿＿＿＿＿＿＿＿＿＿＿＿
9) 10.000　＿＿＿＿＿＿＿＿＿＿＿＿＿＿＿＿＿＿
10) 51.720　＿＿＿＿＿＿＿＿＿＿＿＿＿＿＿＿＿＿
11) 100.000　＿＿＿＿＿＿＿＿＿＿＿＿＿＿＿＿＿＿
12) 330.000　＿＿＿＿＿＿＿＿＿＿＿＿＿＿＿＿＿＿
13) 1.000.000　＿＿＿＿＿＿＿＿＿＿＿＿＿＿＿＿＿＿
14) 2.157.800　＿＿＿＿＿＿＿＿＿＿＿＿＿＿＿＿＿＿
15) 16.209.000　＿＿＿＿＿＿＿＿＿＿＿＿＿＿＿＿＿＿

2 数字をスペイン語で書き入れましょう。

1) 21　＿＿＿＿＿＿＿＿＿＿＿＿＿＿＿ chicas
2) 41　＿＿＿＿＿＿＿＿＿＿＿＿＿＿＿ dólares
3) 391 ＿＿＿＿＿＿＿＿＿＿＿＿＿＿＿ personas
4) 561 ＿＿＿＿＿＿＿＿＿＿＿＿＿＿＿ días
5) 100 ＿＿＿＿＿＿＿＿＿＿＿＿＿＿＿ páginas

3 数字をスペイン語で書き入れましょう。

1) Mi abuelo tiene (82) ＿＿＿＿＿＿＿＿＿＿＿＿ años.
   私の祖父は82歳です。
2) El (74) ＿＿＿＿＿＿＿＿＿＿＿＿ por ciento de la población se opuso a la subida de impuestos.
   住民の74パーセントが増税に反対した。
3) He comprado una chaqueta por (95) ＿＿＿＿＿＿＿＿＿＿＿＿ euros.
   私は95ユーロで上着を買った。
4) Colón llegó a América en (1492) ＿＿＿＿＿＿＿＿＿＿＿＿ .
   コロンブスは1492年にアメリカ大陸に到達した。
5) Esta ciudad tiene unos (3.000.000) ＿＿＿＿＿＿＿＿＿＿＿＿ de habitantes.
   この都市の人口は約300万だ。

4 序数の表を完成させましょう。

1.° primero	2.°	3.° tercero	4.°	5.°
6.°	7.°	8.°	9.°	10.°

5 序数をスペイン語で書き入れましょう。

1) Héctor fue el (1.°) _____ en venir aquí.
   ここに来たのはエクトルが1番だった。

2) Nos sentamos en la (7.ª) _____ fila.
   私たちは7番目の列に座った。

3) Malena llegó a la meta en (3.°) _____ lugar.
   マレナは3位でゴールした。

4) Esta es la (4.ª) _____ vez que he visitado Sevilla.
   セビリアを訪れるのはこれで4度目です。

5) El (1.°) _____ ejercicio es fácil.
   1番目の問題は簡単だ。

6) Eres la (5.ª) _____ persona que me lo pide.
   私にそれを頼むのは君が5人目だ。

7) Es la (3.ª) _____ vez que te lo aconsejo.
   君にそれを忠告するのはこれで3度目だ。

8) Mi padre volverá de Argentina el (1.°) _____ de diciembre.
   私の父はアルゼンチンから12月1日に戻ってくるでしょう。

9) ¿Cuál es la (2.ª) _____ ciudad más grande de Colombia?
   コロンビアで2番目に大きな都市はどこですか？

10) El señor Fernández vive en el (6.°) _____ piso.
    フェルナンデスさんは6階に住んでいる。

6 カッコ内には序数、下線には適切な語を枠内から選んで入れましょう。

artículo, capítulo, siglo, lección, tomo

1) 7世紀　　el (   ) _____

2) 第8巻　　el (   ) _____

3) 第6章　　el (   ) _____

4) 第9条　　el (   ) _____

5) 第5課　　la (   ) _____

写真を「読む」③ XOCHIMILCO, MÉXICO（ソチミルコ・メキシコ）

Navega sin alcohol, toma precaución.　　¡El turista, nuestro patrimonio!
「アルコールなしで航行しよう、注意しよう。」「観光客はわれわれの財産です！」

＊ソチミルコはメキシコ・シティーにある世界文化遺産。アステカ帝国の水路が残り、遊覧船による観光が盛ん。写真は漕ぎ手として働く人たちへの警告。

写真を「読む」④ SANTIAGO, CHILE（サンティアゴ・チリ）

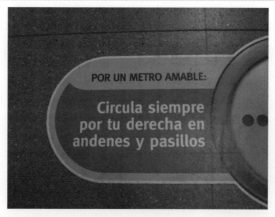

Por un metro amable: Circula siempre por tu derecha en andenes y pasillos.
「やさしい地下鉄のために：ホームと通路では常に右側通行してください。」

＊サンティアゴの地下鉄の駅の注意書き。乗車マナーを呼びかける標識が他にも多く見られる。

レベル2
Nivel 2

1

冠詞

1 カッコ内の選択肢（「−」は無冠詞を意味する）から正しいものを選んで、文全体を日本語にしましょう（複数の可能性あり）。

1) Hay (un / una / el / la / −) bolígrafo en la mesa. (Un / Una / El / La / −) bolígrafo no es mío sino de José. (Un / Una / El / La / −) mío está ahí.

2) ¿Cuántos libros hay? — Hay (unos / unas / los / las / −) diez libros.

3) Oye, te voy a decir (un / una / el / la / −) cosa.

4) ¿Sabes dónde trabaja Miguel? ¿En una compañía o en un colegio? — Creo que trabaja en (un / una / el / la / −) escuela.

5) ¿Qué es María? — Es (un / una / el / la / −) enfermera.

6) Si una es (un / una / el / la / −) madre, le duele ver a su hijo en el hospital.

7) (Unos / Unas / Los / Las / −) dinosaurios son animales de sangre caliente.

8) Hoy hace (un / una / el / la / −) calor, ¿verdad? — Sí, hace (un / una / el / la / −) calor insoportable.

9) ¿Te duele (un / una / el / la / −) estómago? — No, no. Tengo (un / una / el / la / −) dolor de (un / una / el / la / −) cabeza.

10) ¿Te gusta (un / una / el / la / −) vino? — Sí, me gusta mucho (un / una / el / la / −) vino blanco. Pero no me gusta (un / una / el / la / −) cerveza.

2 必要に応じてカッコ内に適切な冠詞を入れましょう（無冠詞の場合には「−」を記入すること）。

1) ¿A qué se dedica usted? — Me dedico a (   ) venta de coches.
お仕事は何をされていますか？―車のセールスをやっています。

2) (   ) 96% de (   ) españoles son católicos.
スペイン人の96％はカトリック教徒です。

96

3) María José es la chica con (　　　　　　　　) que hablamos (　　　　　　　　)
otro día.

マリア・ホセは私たちが先日一緒に話をした女の子です。

4) ¿Tienes (　　　　　　　　) hora? — Son (　　　　　　　　) nueve menos cuarto.

何時ですか？—9時15分前です。

5) Te enviaré el libro por (　　　　　　　　) avión, si tienes (　　　　　　　　) prisa.

君が急いでいるのなら、その本を航空便で送ってあげよう。

❸ 日本語に合うように、カッコ内の選択肢（「－」は無冠詞を意味する）から正し
いものを選びましょう（複数の可能性あり）。

1) ¿Tiene usted (unos / unas / los / las / sus / －) hijos? — No, no tengo (unos / unas / los /
las / mis / －) hijos.

お子さんはいますか？—いいえ、いません。

2) ¿Matilde es (un / una / el / la / －) ama de casa?
— No, trabaja en (un / una / el / la / －) banco. Es (un / una / el / la / －) ingeniera de
sistemas muy competente.

マティルデは主婦ですか？—いえ、銀行で働いています。とても優秀なシステムエンジニ
アです。

3) Ya es tarde. Te llevo a (un / una / el / la / tu / －) casa en (un / una / el / la / mi / －)
coche.

もう遅いね。車で家まで送るよ。

4) Antes de comer tienes que lavarte (unos / unas / los / las / tus / －) manos.

食事の前には手を洗わなければならない。

5) (Unos / Unas / Los / Las) niños de ahora tienen muchos conocimientos de tecnología
digital.

今の子供たちはデジタル技術についてよく知っている。

❹ スペイン語にしましょう。

1) 右手に何を持っているの？—イヤリングを持っています。

2) ルシア（Lucía）は学生ですか？—はい、彼女はとても真面目な学生です。

3) どうして（私たちは）タクシーで行かないの？—そうだね。タクシーに乗りましょう。

4) 私は夏休み中は大学に行かない。

5) 学生の半数がタブレットを持っている。

2 動詞の用法

❶ 日本語に合うように、**ser/estar/haber** から動詞を選び、適切な活用形にして入れましょう。

1) Hola, Paco, ¿qué (　　　　　　　　　　　　)? — ¡Bien! ¿Y tú? ¿Cómo (　　　　　　　　　　)?
   やあ、パコ、調子はどう？―元気だよ。君は？　元気？

2) ¿Quién (　　　　　　　　　) aquel chico? ¿Y qué (　　　　　　　　　　)?
   — (　　　　　　　　　　) un amigo de Francisco y (　　　　　　　　　　) estudiante.
   あの子は誰？何をしてるの？―フランシスコの友達で学生だよ。

3) ¿De qué curso (　　　　　　　　　)? ¿(　　　　　　　　　) de segundo?
   — No. (　　　　　　　　　) en tercero.
   彼女は何年生？2年生？―いや、3年だ。

4) ¿Dónde (　　　　　　　　　) su casa? — (　　　　　　　　　) en la calle Cervantes.
   (　　　　　　　　　) muy grande y (　　　　　　　　) siempre limpia.
   彼の家はどこ？―セルバンテス通りだよ。とても大きくて、いつもきれいにしている。

5) ¿(　　　　　　　　　) algunos estudiantes de África? — Sí, (　　　　　　　　　) dos
   por lo menos.
   アフリカ出身の学生は何人かいるの？―うん、少なくとも2人いるよ。

6) Hace una semana que no veo a María Teresa. — Claro, (　　　　　　　　) de viaje
   por Andalucía.
   1週間マリア・テレサに会ってないよ。―だろうね。アンダルシアを旅行中だから。

7) ¿Sabes que la semana pasada (　　　　　　　　　) terremotos en el norte de la
   prefectura? — Sí, claro. (　　　　　　　　) allí por trabajo. — Vi en la tele que
   (　　　　　　　　) varias casas destrozadas.
   先週県北部で地震があったのを知ってる？―もちろんだよ。僕は仕事でそこにいたからね。
   ―いくつもの家が壊れているのをテレビで見たよ。

8) Nuestra vida (　　　　　　　　　) muy difícil durante aquellos años.
   私たちの生活はあの頃とても苦しかった。

9) Dime a qué hora y dónde (　　　　　　　　　) la reunión de mañana.
   明日の会議は何時にどこであるか教えて。

10) Muchos de mis amigos ya (　　　　　　　　　) padres.
    私の友達の多くはもう親になっている。

❷ 日本語に合うように、必要に応じてカッコ内の不定詞を適切な形にしましょう。

1) No, no (**poder**　　　　　　　　) ser.
   いや、そんなはずはない。

2) ¿Qué (**querer**   ) decir con eso, Ignacio?

イグナシオ、それはどういう意味なの？

3) (**Ir**   ) a ver, ¿qué te apetece? — Coñac, por favor.

えーっと、何が飲みたい？―コニャックをお願いします。

4) A los treinta y tantos años (**seguir**   ) (**ser**   ) un niño.

30いくつにもなって、あいかわらず彼は子供なんだから。

5) ¡(**Haber**   ) que (**ver**   ) cómo le gusta el fútbol!

彼女のサッカーが好きなことと言ったら！

6) ¿El café? ¡Bueno! El café (**tener**   ) que (**ser**   ) de Colombia.

コーヒー？そりゃ、コーヒーはコロンビア産でなくっちゃ。

7) La que ha llamado (**deber**   ) de (**ser**   ) la sobrina de Javier.

電話をくれたのは、ハビエルの姪に違いない。

8) ¿Tú (**oír**   ) (**hablar**   ) de esa película?

その映画について聞いたことがある？

9) Este mes de marzo (**estar**   ) (**ser**   ) más frío que el de enero.

この3月は1月より寒い日が続いている。

10) Carmen (**echar**se   ) a (**reír**   ).

カルメンは急に笑い出した。

3 スペイン語にしましょう。

1) 7年後に私たちはパリ（París）で再会した。（再び〜する　volver a...）

2) 講演会は講堂（salón de actos）で行われる。

3) 11時15分前だ。もう遅い。

4) このコーヒーは熱くない。

5) セビリアはすごい人出に違いない。

3

感嘆文・疑問文

1 日本語に合うように、カッコ内に適切な語を1つ入れましょう。

1) ¿(　　　　　　　　　) usted algo más? — No, gracias.

他に何か欲しいものはありますか？―結構です、ありがとう。

2) ¿(　　　　　　　　　) significa esta palabra?

この単語はどんな意味ですか？

3) ¿Te (　　　　　　　) que te haga una pregunta?

君に1つ質問をしてもいい？

4) ¿(　　　　　　　　　) hacerme otro favor?

（君に）もう1つお願いできるかな？

5) ¿(　　　　　　) (　　　　　　　　　) has hecho esto?

どうしてこんなことをしたの？

6) ¿Por (　　　　　　　) se va a la estación de Atocha?

アトチャ駅にはどこを通って行けばいいですか？

7) ¿(　　　　　　) (　　　　　　　　　) se le ha ocurrido esta tontería?

こんな馬鹿げたこと、誰が思いついたの？

8) ¿(　　　　　　　) y (　　　　　　　　) son los otros países que conocéis?

君たちが知っているその他の国はいくつあって、それらはどこですか？

9) El secretario me preguntó (　　　　　　　) quería almorzar.

秘書は私に昼食を食べたいかと聞いた。

10) ¿(　　　　　　　) usted (　　　　　　) (　　　　　　　) está hablando

Rafael?

ラファエルが誰と話しているかご存知ですか？

11) Lo que no comprendo es (　　　　　　　) has podido soportarlo durante un mes.

私に理解できないのは、君が1ヶ月間それをどう我慢することができたかだ。

12) Se miran sin saber (　　　　　　) hacer ni (　　　　　　) ir.

彼女たちは何をしていいか、どこへ行っていいのか分からず顔を見合わせる。

13) No sabía a (　　　　　　　) contarle sus problemas.

彼は誰に悩みを語っていいのか分からなかった。

14) Estaba pensando (　　　　　　) escribirte o no.

君に手紙を書こうかどうか私は考えていた。

15) ¿(　　　　　　) (　　　　　　) hora dijiste que llegaba tu padre?

お父さんは何時に着くって言ったっけ？

2 日本語に合うように、カッコ内に適切な語を1つ入れましょう。

1) ¡(　　　　　　　　) sinvergüenza es Emilio!
   エミリオは何て恥知らずなんだ！

2) ¡(　　　　　　　) broma (　　　　　　　　) divertida!
   何て楽しい冗談だろう！

3) ¡(　　　　　　　) cosas (　　　　　　)!
   君は何ていうことを言うの！

4) ¡(　　　　　　) (　　　　　　　) habla el francés este chico!
   この子は何てフランス語が上手なんだ！

5) ¡(　　　　　　) (　　　　　　　) sin verte!
   久しぶりだね！

6) ¡(　　　　　　　) de cosas sabes!
   たくさんの事を知ってるね！

7) ¡No sabes (　　　　　　　) me alegro de verte!
   君に会って私がどんなにうれしいか君には分からないでしょう！

8) ¡Hay que ver (　　　　　　) gente (　　　　　　　) amable!
   何て親切な人たちだろう！

9) ¡Mira (　　　　　　) idea (　　　　　　　) estupenda!
   何てすばらしい考えでしょう！

10) ¡(　　　　　　　) éxito tiene esta cantante!
   この歌手は何て人気があるんだろう！

3 スペイン語にしましょう。

1) この子は何てよく眠るんだろう！

2) あなたのお父さんのお名前は何ですか？　そして、どちらにお住まいですか？

3) 何てひどい映画だろう！

4) どうして昨日授業に来なかったの？―熱があったんだ。

5) お腹がすいたなあ！

4 現在完了・点過去

1 日本語に合うように、枠内から動詞を選び、直説法現在完了形に活用させて入れましょう。

> empezar, entender, estar, explicar, hacer, llover, sacar, salir, subir, trabajar

1) Hoy（　　　　　　　　　　　　） un día muy caluroso.
   今日はとても暑い日だった。

2) ¿A qué hora (*vosotros*　　　　　　　　　　　　) de casa esta mañana?
   今朝君たちは何時に家を出たの？

3) Este mes（　　　　　　　　　　　） mucho.
   今月は雨がたくさん降った。

4) Todavía no（　　　　　　　　　　） la clase de conversación.
   まだ会話の授業は始まっていない。

5) Si no（　　　　　　　　　　） mal, ahora va a venir una enfermera.
   私が誤解していなければ、今看護師さんが1人来るでしょう。

6) ¿Para qué (*tú*　　　　　　　　　） del banco cien mil yenes?
   君は何のために10万円を銀行から下ろしたの？

7) Nunca（　　　　　　　　　　） al monte Fuji en mi vida.
   私は1度も富士山に登ったことがない。

8) （　　　　　　　　　　） dos veces en Paraguay.
   私たちはパラグアイに2度行ったことがある。

9) Felipe（　　　　　　　　　　） una vez de camarero.
   フェリペはウェイターとして働いたことが1度ある。

10) Te lo（　　　　　　　　　　） mil veces.
    僕たちは君にそのことを何度も説明したよ。

2 日本語に合うように、枠内から動詞を選び、直説法点過去形に活用させて入れましょう。

> ayudar, casarse, gustar, hacer, leer, llamar, llevar, tardar, tener, volver

1) Ayer Manuel me（　　　　　　　　　　） por teléfono.
   昨日マヌエルから電話があった。

2) Anoche mi padre（　　　　　　　　　　） a casa en taxi.
   昨夜私の父はタクシーで帰宅した。

3) Me（　　　　　　　　　） mucho su nueva obra.
   私は彼女の今度の作品がとても気に入った。

4) （　　　　　　　　　　　　　　　） que quedarme en casa todo el día.
私は一日中家にいなければならなかった。

5) Ana y Julia （　　　　　　　　　　　　） el mes pasado.
アナとフリアは先月結婚した。

6) ¿Qué (*tú*　　　　　　　　　　） el domingo pasado?
君は先週の日曜日何をしたの？

7) Mi hermano y yo （　　　　　　　　　　） a nuestra madre.
弟と私は母を手伝った。

8) Se （　　　　　　　　　　　） una hora del hotel al aeropuerto.
ホテルから空港まで1時間かかった。

9) （　　　　　　　　　　　　　） el periódico después de desayunar.
私は朝食の後で新聞を読んだ。

10) El padre （　　　　　　　　　　） a los niños al zoo.
父親は子供たちを動物園に連れて行った。

3 日本語に合うように、カッコ内の不定詞を現在完了形または点過去形に活用させましょう。

1) （**Estar**　　　　　　　　　　　　） tres veces en China.
私は3回中国に行ったことがある。

2) El año pasado mi hija （**entrar**　　　　　　　　） en la universidad.
昨年私の娘は大学に入学しました。

3) Hace cinco días que （**recibir**　　　　　　　） el paquete.
私たちは5日前に小包を受け取った。

4) Últimamente él （**volver**se　　　　　　　） muy orgulloso.
彼は最近とても高慢になった。

5) ¿Ya （**escuchar**, *vosotros*　　　　　　） el nuevo álbum del grupo?
君たちはバンドの新しいアルバムをもう聞いた？

4 スペイン語にしましょう。

1) この冬はあまり雪が降らなかった。

2) 息子さんはもうお帰りになりましたか？

3) 私はまだこの小説を読み終えていません。

4) 昨年私たちはスイス（Suiza）で休暇を過ごしました。

5) 先週私は髪を切った。

5

点過去・線過去

1 日本語に合うように、a)、b) 各文のカッコ内の不定詞を点過去形または線過去形に活用させましょう。

1) a) Eran las diez y media cuando Pepe (**salir**   ) de la oficina.
ペペが事務所を出たとき、10時半だった。

  b) En ese momento (**salir**   ) de casa.
そのとき私は家を出るところだった。

2) a) Le ofrecimos un puesto, pero no (**querer**   ) aceptarlo.
ポストをオファーしたが、彼女は受けたがらなかった。

  b) (**Querer**, *yo*   ) comprar un bolso negro.
黒いバッグを買いたいのですが。

3) a) Mientras mi hermano (**dormir**   ), yo estudiaba para el examen.
弟が眠っている間、私は試験勉強をしていた。

  b) Anoche (**dormir**   ) solamente cuatro horas.
私は昨夜は4時間しか眠らなかった。

4) a) ¿Cuándo (**tener**, *tú*   ) noticias de él?
いつ彼のニュースを知ったの？

  b) Isabel dijo que (**tener**   ) los datos del candidato.
イサベルはその候補者のデータを持っていると言った。

5) a) Nosotros (**ir**   ) a Cuba todos los veranos.
私たちは毎年夏にはキューバに行ったものだ。

  b) Nosotros (**ir**   ) a París el verano pasado.
私たちは昨年の夏パリに行った。

2 日本語に合うように、カッコ内の不定詞を点過去形または線過去形に活用させましょう。

1) Ayer (**dar**   ) un paseo antes de acostarme.
昨日私は寝る前に散歩をした。

2) Al terminar la guerra, Vicente (**casar**se   ) con su novia.
戦争が終わると、ビセンテは恋人と結婚した。

3) Los sábados nosotros (**salir**   ) de copas por la noche.
毎週土曜の夜は飲みに出かけたものだ。

4) De niña (**jugar**   ) en este parque.
子供の頃私はこの公園で遊んでいた。

5) Nuestra hija (**nacer**   ) en marzo.
私たちの娘は3月に生まれた。

6) Cuando nosotros (**ver**   ) la televisión, (**sonar**   ) el teléfono.

テレビを見ているときに電話が鳴った。

7) Al entrar en la habitación (**encender**   ) la luz.

部屋に入ると、私は電気をつけた。

8) Antonio me (**traer**   ) un regalo de Perú.

アントニオは私にペルーのおみやげを持ってきてくれた。

9) Me dijo que no le (**gustar**   ) conducir en la ciudad.

彼は街中を運転するのは好きではないと言った。

10) Antes mi hermano (**ser**   ) un poco más delgado.

以前私の兄はもう少しやせていた。

11) (**Dar**   ) las ocho cuando (**despertar**se   ).

私たちが目覚めたとき、時計は8時を打っていた。

12) En el Museo del Prado (**haber**   ) mucha gente.

プラド美術館にはたくさんの人がいた。

13) El otro día (**sacar**se   ) el carné de conducir.

先日私は運転免許証を取得した。

14) Vosotros (**vivir**   ) diez años en Los Ángeles, ¿verdad?

君たちはロサンゼルスに10年間暮らしたのですよね？

15) Entonces Fernando todavía no (**conocer**   ) a su futura mujer.

フェルナンドはそのときまだ妻になる人のことを知らなかった。

3 スペイン語にしましょう。

1) 先週の水曜日、私はとても感じのいい女の子と知り合った。

2) 昨日は暇だったので、私は映画に行った。

3) 彼女が生まれた家は海の近くにあった。

4) ミゲル（Miguel）は頭が痛いと言った。

5) 私の母は毎日6時に起きていた。

6

完了時制

1 枠内から動詞を選び、未来完了形に活用させて入れ、文全体を日本語にしましょう。

> **comprar, dejar, equivocar, pasar, perder**

1) No encuentro la llave. Me la (　　　　　　　　　) en el coche.

2) Ellos no han llegado todavía. (　　　　　　　　　) el tren de las ocho.

3) Marta me decía que quería comprar una casa. Se la (　　　　　　　　　) ya.

4) Alberto no ha venido hoy. Se (　　　　　　　　　) de día.

5) ¿No está Juan en casa? ¿Qué le (　　　　　　　　　)?

2 枠内から動詞を選び、過去未来完了形に活用させて入れ、文全体を日本語にしましょう。

> **acostar, leer, mandar, terminar, volver**

1) Creía que para el día 3 vosotras me (　　　　　　　　　) los documentos.

2) Pedro parecía muy cansado. Se (　　　　　　　　　) muy tarde la noche anterior.

3) Pensaba que la conferencia (　　　　　　　　　) para las seis.

4) Luis me dijo que (　　　　　　　　　) a Madrid para finales de mes.

5) ¿Has firmado un contrato sin leerlo? Yo que tú lo (　　　　　　　　　) de antemano.

3 カッコ内の不定詞を直説法現在完了形または直説法過去完了形に活用させ、文全体を日本語にしましょう。

1) Me (**gustar** 　　　　　　　　　) la película de hoy.

2）Esta mañana (**tener**, *nosotros*   ) que salir de casa a las seis.

3）Santiago perdió el gorro que le (**regalar**   ) su novia.

4）Yo llegué a tiempo, pero mi amigo todavía no (**llegar**   ).

5）Eso me (**hacer**   ) comprender que ella está dispuesta a engañarme.

4 カッコ内の不定詞を未来完了形または過去未来完了形に活用させ、文全体を日本語にしましょう。

1）El profesor (**corregir**   ) los exámenes para el próximo lunes.

2）Carlos (**aprender**   ) japonés cuando empezó a trabajar en Japón.

3）La directora García no ha llegado todavía. (**Olvidar**se   ) de la reunión.

4）En la parada no había nadie. Ya (**salir**   ) el último autobús.

5）Nuria me dijo que (**cambiar**se   ) de casa en junio.

5 スペイン語にしましょう。

1）私たちは正午前にはグラナダに到着しているでしょう。

2）来週までには私たちはこの問題を解決しているでしょう。

3）エステバン（Esteban）は、前の晩夕飯を食べ過ぎて、胃が痛いと言った。

4）私はホルヘ（Jorge）の机の上に自分の時計を置いてきてしまったようだ。

5）その番組は9時には終わっているだろうと私は思っていた。

7 継続表現

1 日本語に合うように、カッコ内に適切な語を1つずつ入れましょう。

1) (　　　　　　　　　) cinco años (　　　　　　　　　) (　　　　　　　　　) juntos.
   私たちは一緒に暮らして5年になります。

2) (　　　　　　　　　) nueve meses (　　　　　　　　　) esta canción.
   私はこの曲を練習して9ヶ月になります。

3) Andrés vive en ese piso (　　　　　　　　　) (　　　　　　　　　) seis años.
   アンドレスはそのマンションに6年前から住んでいる。

4) ¿Cuánto tiempo (　　　　　　　　　) (　　　　　　　　　) (　　　　　　　　　)
   japonés?
   君は日本語を勉強してどれくらいになるの？

5) (　　　　　　　　　) un rato (　　　　　　　　　) (　　　　　　　　　) a llover.
   少し前に雨が降り始めた。

6) (　　　　　　　　　) un año y medio (　　　　　　　　　) (　　　　　　　　　)
   (　　　　　　　　　) sus padres cuando (　　　　　　　　　) la casa.
   彼が家を売ったとき、両親が亡くなって1年半が経っていた。

7) ¿(　　　　　　　　　) mucho (　　　　　　　　　) os conocéis?
   君たちは知り合って長いの？

8) (　　　　　　　　　) más de veinte años (　　　　　　　　　) en este taller.
   彼らは20年以上この工房で働いている。

9) (　　　　　　　　　) siete meses (　　　　　　　　　) (　　　　　　　　　) en esa
   ciudad cuando (　　　　　　　　　) el trabajo.
   彼女がその仕事を見つけたとき、その町に住んで7ヶ月が経っていた。

10) Nuestra nieta (　　　　　　　　　) (　　　　　　　　　) dos meses.
    私たちの孫は2ヶ月前に生まれた。

2 同じ意味になるように文を書き換えましょう。

1) Mi hermana lleva cuatro años estudiando Medicina.
   姉は医学を勉強して4年になる。
   → Hace (　　　　　　　　　　　　　　　　　　　　　　　　　　　　　　).

2) Hace ya quince años que nos conocemos.
   私たちは知り合ってもう15年になります。
   → Nos conocemos (　　　　　　　　　　　　　　　　　　　　　　　　).

3) ¿Cuántos años llevas usando este ordenador?
   君はこのコンピューターを使って何年になるの？
   → ¿Cuántos años hace (　　　　　　　　　　　　　　　　　　　　)?

4) Hace seis meses que compré este coche.

この車を買ったのは6ヶ月前です。

→ Compré este coche (　　　　　　　　　　　　　　　　　　　).

5) Hacía solo un mes que salía con Pablo cuando conocí a Roberto.

ロベルトと知り合ったとき、私はパブロと付き合ってたった1ヶ月でした。

→ Llevaba (　　　　　　　　　　　　　　　　　　　).

③ 日本語に合うように、語を並べ替えて文を作りましょう。

1) 彼らには長い間会っていなかった。

[hacía, los, mucho, no, que, tiempo, veía].

→

2) 私は10年前から一人暮らしをしています。

[años, desde, diez, hace, sola, vivo].

→

3) 初めてメキシコに行ったとき、私はスペイン語を勉強して3年だった。

[a, años, cuando, español, estudiando, fui, llevaba, México, por, primera, tres, vez].

→

4) 2週間ほど前にここで新しいビルの建設が始まった。

[a, aquí, construir, de, edificio, empezaron, hace, nuevo, par, que, semanas, un, un].

→

5) 私がその電話を受けたとき、彼女が村を出てだいぶ経っていた。

[cuando, de, esa, había, hacía, llamada, marchado, mucho, pueblo, que, recibí, se, su].

→

④ スペイン語にしましょう。

1) 君たちはどれくらい電車を待ってるの？

2) 私は7年前に自動車事故（accidente de coche）にあった。

3) 私の妹は8ヶ月前からタクシーの運転手（taxista）として働いています。

4) そのとき私たちは引越しして3週間でした。（引越しする　mudarse）

5) たった5日前に私は旅行から戻りました。

109

8 未来・過去未来

1 日本語に合うように、カッコ内の不定詞を未来形または過去未来形に活用させましょう。

1) Nosotros (**ir**   ) un poco más tarde.
   私たちはもう少し後で行きます。

2) Me (**gustar**   ) probar suerte en el mundo de los negocios.
   私はビジネスの世界で運を試してみたい。

3) ¿De verdad te dijo Mario que (**venir**   ) con nosotros?
   本当にマリオは君に私たちと一緒に来るって言ったの？

4) El profesor siempre dice que el examen final (**ser**   ) muy difícil.
   先生はいつも期末試験はとても難しいだろうと言っている。

5) (**Estar**   ) nublado en la costa.
   沿岸地方は曇っているだろう。

6) Seguro que Mónica (**decir**   ) que sí.
   モニカは絶対に OK と言うだろう。

7) Le prometí que le (**llevar**   ) el paquete al día siguiente.
   私は彼女に翌日小包を持って行くと約束した。

8) Entonces pensé qué (**hacer**   ) mis padres.
   そのとき私は両親がどうするだろうかと思った。

9) (**Deber**, *ustedes*   ) ser más amables con ella.
   あなた方は彼女に対してもっと優しくするべきじゃないでしょうか。

10) (**Poner**se   ) este vestido para la fiesta.
    私はパーティーにはこのワンピースを着るつもりだ。

2 例にならって、文の続きを作りましょう。

> 例) Ramón dice que estudiará Derecho. ラモンは法学を勉強すると言っている。
> → Ramón dijo que (*estudiaría Derecho*). ラモンは法学を勉強すると言った。

1) Sebastián y Rosa dicen que tendrán que hablar con su hija.
   セバスティアンとロサは娘と話さなければいけないだろうと言っている。

   → Sebastián y Rosa decían que (   ).

2) En el aeropuerto le preguntarán cuánto tiempo estará en el país.
   空港では彼はその国にどれくらい滞在するか聞かれるだろう。

   → En el aeropuerto le preguntaron (   ).

3) Mi madre siempre me promete que dejará de fumar.
   母はたばこをやめるといつも私に約束する。

   → Mi madre me prometió que (   ).

4）¿Dices que no podrás ayudarnos?

　　私たちを手伝えないって言うの？

　　→¿Dijiste que no（　　　　　　　　　　　　　　　　　　　　）?

5）Me ha escrito Enrique que llegará a las once.

　　エンリケは11時に着くと私に書いてよこした。

　　→ Me escribió Enrique que（　　　　　　　　　　　　　　　　　　）.

3 例にならって、文の続きを作りましょう。

> 例） Raúl dijo que iría a Perú.　ラウルはペルーに行くつもりだと言った。
> 　　→ Raúl dice que (*irá a Perú*).　ラウルはペルーに行くつもりだと言っている。

1）Susana nos dijo que llamaría a casa enseguida.

　　スサナは家にすぐ電話するつもりだと私たちに言った。

　　→ Susana nos dice que（　　　　　　　　　　　　　　　　　）.

2）Oímos que habría una visita oficial del príncipe.

　　私たちは皇太子の公式訪問があると聞いた。

　　→ Hemos oído que（　　　　　　　　　　　　　　　　）.

3）Jaime dijo que cogería el autobús de las nueve y media.

　　ハイメは9時半のバスに乗ると言った。

　　→ Jaime dice que（　　　　　　　　　　　　　　）.

4）Les prometí que terminaría el informe cuanto antes.

　　私はできるだけ早く報告書を仕上げるとあなた方にお約束しました。

　　→ Les prometo que（　　　　　　　　　　　　　　　　）.

5）Gloria me preguntó qué querría Vicente.

　　グロリアは私にビセンテは何を欲しいだろうかと聞いてきた。

　　→ Gloria me pregunta qué（　　　　　　　　　　　　　　　）.

4 スペイン語にしましょう。

1）明日は雨かなあ。

2）彼女はその本を持ってこられないと私たちに言った。

3）ビクトル（Víctor）はまだ仕事をしているだろう。

4）君に二度と嘘をつかないと約束するよ。

5）（あなたの）上司の方とお話ししたいのですが。

9 知覚・使役構文

1 日本語に合うように、語を並べ替えて文を作りましょう。

1) 私は彼女がとてもすてきな歌を歌うのを聞いたことがある。

[bonita, canción, cantar, he, la, muy, oído, una].

→

2) 私は彼が手紙を読むのを見つめていた。

[carta, la, lo, leyendo, miraba].

→

3) 私は君たちが通りを横切るのを見た。

[calle, cruzar, la, os, vi].

→

4) 私は君がこんなことをしているのを見たくない。

[así, cosas, haciendo, no, quiero, verte].

→

5) 突然、私は床が揺れるのを感じた。

[de, el, repente, sentí, suelo, temblar].

→

2 日本語に合うように、語を並べ替えて文を作りましょう。

1) あの晩、彼の両親は彼を外出させなかった。

[aquella, dejaron, lo, no, noche, padres, salir, sus].

→

2) アンヘルはいつも妹を泣かせていたものだ。

[a, Ángel, hacía, hermana, llorar, menor, siempre, su].

→

3) 私たちは君を1時間以上も待たせた。

[de, esperar, hicimos, hora, más, te, una].

→

4) （あなたは）私をオフィスに入らせてください。

[déjeme, en, entrar, la, oficina].

→

5) 私はこれ以上君たちを働かせたくない。

[haceros, más, no, quiero, trabajar].

→

3 下線部を目的格人称代名詞にかえて、質問に対する答えの文を作りましょう。

1）¿Ves bailar a Teresa?

　　→ Sí,

2）¿Hizo Manuel preparar el desayuno a su hermano?

　　→ Sí,

3）¿Oíste a tu mujer hablando con la vecina?

　　→ Sí,

4）¿Habéis dejado salir a vuestros niños de noche?

　　→ No,

5）¿Ha visto usted a Nuria leyendo periódicos?

　　→ No,

4 スペイン語にしましょう。

1）［ustedes に対して］どうか私を通してください。

2）私は彼がとても上手にピアノを演奏しているところを聞いたことがある。

3）その騒音で私は昨夜眠ることができなかった。

4）私たちは誰かがその車を運転するのを見た。

5）私の母は私にその部屋を掃除させたものだ。

10

人称代名詞

1 日本語に合うように、カッコ内に適切な人称代名詞を入れましょう。

1) Mi hermana canta mejor que (　　　　　　　　　　).
   私の姉は私より歌がうまい。

2) (　　　　　　　　　) han robado el monedero en el tren.
   彼女は電車の中で小銭入れを盗まれた。

3) Cuando (　　　　　　　　) vio, ella (　　　　　　　　) puso pálida.
   彼を見ると、彼女は青ざめた。

4) A mi hermano no (　　　　　　　　) gusta el béisbol, pero a (　　　　　　　　)
   me encanta.
   私の兄は野球が好きではないが、私は大好きだ。

5) ¿Para quién es esta carta? — Es para (　　　　　　　　).
   この手紙は誰宛てなの？―君宛てだよ。

6) Cuando Elena (　　　　　　　　) llamó, (　　　　　　　　) escribía un e-mail.
   エレナが私に電話してきたとき、私は彼女にメールを書いているところだった。

7) (　　　　　　　) preocupo mucho por (　　　　　　　).
   私は彼らのことがとても心配だ。

8) (　　　　　　　) siento mucho, pero él (　　　　　　　) ha marchado ya.
   残念ですが、彼はもう行ってしまいました。

9) (　　　　　　) (　　　　　　　　) ha ocurrido una buena idea.
   私はいい考えを思いついた。

10) (　　　　　　　) (　　　　　　　) perdió el libro que (　　　　　　　)
    prestó su amigo.
    彼女は友達に貸してもらった本をなくしてしまった。

2 下線部を目的格人称代名詞にかえて文を書き換え、日本語にしましょう。

1) Al oír la noticia, se alegró mucho.　　　→_____

2) Vengo aquí para buscar a sus nietos.　　→_____

3) Están llamando a Carmen desde la calle.　→_____

4) Sigo aprendiendo español.　　　　　　→_____

5) Voy a enviar a Sonia los documentos por correo. →_____

6) Mariano, apaga la televisión.　　　→ --

7) Clara, presta tu paraguas a Luisa.　　→ --

8) Quitaos los zapatos.　　　　　　　→ --

9) Lávate la cara.　　　　　　　　　→ --

10) No pongas la calefacción.　　　　　→ --

③　日本語に合うように、語を並べ替えて文を作りましょう。
1) フォルダーを誰に渡さなければなりませんか？
¿ [a, carpetas, entregarle, hay, las, que, quién] ?
→
2) 私はバスの中で切符を落としてしまった。
[autobús, billete, caído, el, el, en, ha, me, se].
→
3) 彼はイギリス留学のチャンスを逃してしまった。
[de, en, escapó, estudiar, Inglaterra, la, le, ocasión, se].
→
4) パエリアにいつ塩を入れるの？
¿ [a, cuándo, echas, la, la, le, paella, sal] ?
→
5) ロラは顧客にパンフレットを送るのを忘れた。
[a, cliente, folletos, ha, Lola, los, mandarle, olvidado, su].
→

④　スペイン語にしましょう。
1) マイテ（Maite）は君より年上だ。

2) 台風が沖縄に接近中だ。

3) 君と一緒に行くことはできないよ。彼女を待たなければならないんだ。

4) 私は地下室（sótano）の鍵を彼女に渡した。

5) 君の住所を教えてくれる？―うん、教えてあげるよ。

115

11

前置詞

1 **a, de, en, con** の中から適切な前置詞を選んでカッコ内に入れ、文全体を日本語にしましょう。

1) El avión llegará (　　　　　) Seúl (　　　　　) las tres y cuarto.

2) ¿Se puede sacar dinero (　　　　　) tarjeta?

3) Algunos (　　　　　) los estudiantes han estado (　　　　　) Costa Rica.

4) Me encontré (　　　　　) Cristina (　　　　　) la plaza.

5) Nací (　　　　　) Caracas (　　　　　) 1988.

2 カッコ内の選択肢から正しい前置詞を選び、日本語にしましょう。

1) La sombrilla sirve (para / por) protegerse del sol.

2) (Para / Por) esa razón no pude asistir a la reunión.

3) Lo habré terminado (para / por) mañana.

4) La ceremonia terminó (hacia / hasta) las ocho.

5) (Hacia / Hasta) ahora no hemos tenido ningún problema.

6) (En / Entre) mis padres creo que no hay secretos.

7) He aparcado (en / entre) sus coches.

8) Estoy trabajando en esta oficina (de / desde) hace dos meses.

9) Rosa terminó el trabajo (durante / en) una semana.

10) (Según / Sobre) el periódico, él dimitirá de su cargo.

3 日本語に合うように、適切な前置詞を入れましょう。

1) Esta salsa sabe（　　　　　　　）limón.
   このソースはレモンの味がする。

2) Al saberlo, ella se echó（　　　　　　　）llorar.
   それを知ると彼女は泣き出した。

3) Ha dejado（　　　　　　　）nevar.
   雪がやんだ。

4) Pilar sirvió（　　　　　　　）intérprete en la conferencia.
   ピラルはその講演で通訳をした。

5) ¿（　　　　　　　）qué se dedica usted?
   あなたのご職業は何ですか？

6) Alfonso se despidió（　　　　　　　）los amigos en la estación.
   アルフォンソは駅で友達と別れた。

7) ¿Os vais de Granada（　　　　　　　）ver la Alhambra?
   アルハンブラ宮殿を見ないでグラナダを発つのかい？

8) ¿Me ayudas? —（　　　　　　　）mucho gusto.
   手伝ってもらえる？―喜んで。

9) Me gusta la música,（　　　　　　　）todo la clásica.
   私は音楽が好きですが、特にクラシックが好きです。

10) Gustavo se enamoró（　　　　　　　）Inés.
   グスタボはイネスに恋をした。

4 スペイン語にしましょう。

1) そのネコはソファーの下にいる。

2) プールはテニスコート（pista de tenis）の左にあった。

3) 駅前にはバス停がある。

4) この赤い傘は誰のですか？―私のです。

5) 私は日曜日より前にそれを終わらせなければならない。

12 接続詞

1 日本語に合うように、適切な接続詞を入れましょう。

1) Mi abuelo era alto （　　　　　　　　） guapo.
   私の祖父は背が高くハンサムだった。

2) Buscamos un empleado que hable español （　　　　　　　　） inglés.
   スペイン語と英語の話せる従業員を探しています。

3) Él no alabó （　　　　　　　） criticó mi obra.
   彼は私の作品をほめも批判もしなかった。

4) Tú （　　　　　　　） él debéis pedir permiso al profesor.
   君か彼のどちらかが先生に許可を求めるべきだ。

5) Espero （　　　　　　　） pases el examen.
   君が試験に受かることを望みます。

6) （　　　　　　　） voy de viaje, siempre llevo este bolso.
   旅行に行くときは、いつもこのバッグを持っていく。

7) （　　　　　　　） dice el médico, ella tendrá que operarse lo más pronto posible.
   医師によれば、彼女はできるだけ早く手術を受けなければならないようだ。

8) （　　　　　　　） no fuera tan caro, lo compraría.
   そんなに高くなければ、それを買うのに。

9) （　　　　　　　） haga buen tiempo, no quiero ir a la playa.
   たとえ天気が良くても、海には行きたくない。

10) （　　　　　　　） no había tren debido a la huelga, aplazamos el viaje.
   ストのため電車がなかったので、旅行を延期した。

2 1）〜5）に続く適切な表現を、ア）〜オ）から選びましょう。

1) Ella preparó la comida　　　　　　ア) o no alcanzarás el autobús.
2) Date prisa,　　　　　　　　　　　　イ) puedes quedarte aquí.
3) Eduardo se burló de mí,　　　　　　ウ) antes de que anochezca.
4) Si no me molestas,　　　　　　　　エ) pero no le hice caso.
5) No podremos llegar　　　　　　　　オ) y yo puse la mesa.

1) - (　　　)	2) - (　　　)	3) - (　　　)	4) - (　　　)	5) - (　　　)

118

3 日本語に合うように、語を並べ替えて文を作りましょう。

1) リカルドは日本料理が大好きだと言っている。

[comida, dice, encanta, japonesa, la, le, que, Ricardo].

→

2) フリアも私も車の運転はできません。

[conducir, Julia, ni, ni, sabemos, yo].

→

3) グラナダにはセビリアではなくコルドバを通って行きました。

[a, Córdoba, fuimos, Granada, no, por, por, Sevilla, sino].

→

4) 彼に会うといつも私は彼を映画に誘う。

[al, cine, invito, lo, lo, que, siempre, veo].

→

5) 君に読んでもらうために、私はこの小説を持ってきた。

[esta, he, la, leas, novela, para, que, traído].

→

4 [　] の接続詞（句）を用いて、スペイン語にしましょう。

1) 彼は私を空港まで車で連れていってくれると言った。[que]

2) 彼が明日来るかどうか私は知らない。[si]

3) 私が新聞を読んでいる間、子供たちは庭で遊んでいた。[mientras]

4) エンカルナ（Encarna）が来たらすぐに昨日のことを尋ねよう。[en cuanto]（～のこと lo de...）

5) 私は忙しいけれど、休暇に出かける。[aunque]

13

再帰動詞

❶ 日本語に合うように、カッコ内の選択肢から正しいものを選びましょう。

1) (Siente / Siéntese) usted a la mesa, por favor.
（レストランで）どうぞ席にお着きください。

2) La madre (puso / se puso) el pijama al niño.
その母親は子供にパジャマを着せた。

3) (Quedaremos / Nos quedaremos) en Barcelona dos días más.
バルセロナにもう2泊するつもりだ。

4) (He quedado / Me he quedado) con Natalia a las seis.
私はナタリアと6時に待ち合わせた。

5) Mi hija (ducha / se ducha) por la mañana.
私の娘は朝シャワーを浴びます。

6) A mi hermano le gusta (pintar / pintarse) al óleo.
私の弟は油絵を描くのが好きだ。

7) La niña (peinó / se peinó) sola.
その女の子は一人で髪をとかした。

8) (Lava / Lávate) los dientes después de comer.
ご飯の後は歯を磨きなさい。

9) ¿(Llamas / Te llamas) a tus amigos?
友達に電話するの？

10) Rubén (levantó / se levantó) muy tarde.
ルベンはとても遅くに起きた。

❷ 日本語に合うように、枠内から再帰動詞を選び、適切な時制に活用させて入れましょう。

> **arrepentirse, atreverse, beberse, comerse,**
> **dormirse, escribirse, irse, morirse, quejarse, verse**

1) Anoche Jorge (　　　　　　　　　　　) una pizza muy grande.
昨夜ホルへは大きなピザを1枚たいらげた。

2) Alicia (　　　　　　　　　) una botella de vino.
アリシアはワインを1本飲み干してしまった。

3) (　　　　　　　　　) mañana a París con sus padres.
彼は明日両親とパリに行ってしまう。

4) Los niños dijeron que (　　　　　　　　　) de hambre.
子供たちはお腹がすいて死にそうだと言った。

5) Como estaba muy cansado, (　　　　　　　　　) enseguida.
私はとても疲れていて、すぐに眠り込んでしまった。

6) (　　　　　　　　　) en la fiesta del sábado.
土曜日のパーティーでお会いしましょう。

7) Ellos（　　　　　　　　　　　　）desde hace tres años.
　　 彼らは3年前から文通している。

8) No（　　　　　　　　　　　）a asistir solo a la reunión.
　　 一人で会合に出席する勇気が私にはない。

9)（　　　　　　　　　　　　）de que hacía mucho calor en la clase.
　　 彼は教室が暑いと文句を言った。

10)（　　　　　　　　　　　　）de no haber visitado Buenos Aires.
　　 彼女はブエノスアイレスに行かなかったことを後悔している。

3　日本語に合うように、カッコ内の変化を表す再帰動詞を適切な形にしましょう。

1) Su hijo（**hacer**se　　　　　　　　　　）un pintor famoso.
　　 彼の息子は有名な画家になった。

2) Si quieres（**hacer**se　　　　　　　　　）rico, tienes que trabajar más.
　　 お金持ちになりたいのなら、もっと働かなくてはね。

3) Al saber la noticia,（**poner**se　　　　　　　　　　）triste.
　　 そのニュースを知ると、私は悲しくなった。

4) Matías（**poner**se　　　　　　　　　）colorado al ver a Eva.
　　 マティアスはエバを見ると顔を赤らめた。

5) Últimamente（**volver**se　　　　　　　　）egoísta.
　　 最近君は自分勝手になった。

6) Daniel（**volver**se　　　　　　　　　）tacaño desde que se casó.
　　 ダニエルは結婚してからケチになった。

7)（**Quedar**se　　　　　　　　　）helados esperándote fuera.
　　 君を外で待っていて、私たちは身体が冷え切ってしまった。

8) Se marcharon todos y（**quedar**se　　　　　　　　　）solo.
　　 皆行ってしまい、私は一人になってしまった。

9) El odio（**convertir**se　　　　　　　　　）en amor.
　　 憎しみが愛に変わった。

10) Los sueños pueden（**convertir**se　　　　　　　　　）en realidad.
　　 夢が現実になることもある。

4　スペイン語にしましょう。

1) アルベルト（Alberto）は毎朝ひげをそる。（ひげをそる　afeitarse）

2) 私たちは最前列に座った。

3) マルガリタ（Margarita）とエルビラ（Elvira）は姉妹だがあまり似ていない。

4) 昨夜3時に寝たので、私は今眠くて死にそうだ。

5) 6年間勉強した後、私たちの息子は医者になった。

14

ser 受身・再帰受身

1 能動文は **ser** を用いた受身の文に、受身の文は能動文に書き換えましょう。

1) Una enfermera atiende a todas estas niñas.
   1人の看護師がこれらの女の子みんなを手当する。
   →

2) Vieron la película casi cuatro millones de espectadores.
   400万近くの観客がその映画を見た。
   →

3) Sus compañeros trasladaron a Germán al hospital.
   彼の仲間はヘルマンを病院へ運んだ。
   →

4) Los expertos de la compañía han realizado los análisis.
   会社の専門家たちはその分析を行った。
   →

5) El Pentágono creó internet en 1969.
   ペンタゴン［アメリカの国防総省］が 1969年にインターネットを作り出した。
   →

6) El pequeño Quique ha sido encontrado por casualidad por un perro.
   小さなキケは1匹の犬によって偶然見つけられた。
   →

7) Marcos fue elegido presidente por los miembros del comité.
   マルコスは委員会のメンバーによって議長に選ばれた。
   →

8) El político fue nombrado ministro por la primera ministra.
   その政治家は首相によって大臣に任命された。
   →

9) Esta situación es considerada peligrosa por algunos especialistas.
   この状況は何人かの専門家たちによって危険なものと考えられている。
   →

10) Óscar y la chica eran buscados por todos.
    オスカルとその女の子はみんなに探されていた。
    →

② 次の受身の文を日本語にしましょう。

1) Aquí se venden coches de segunda mano.

2) A lo lejos se oyen trenes.

3) Con el tiempo se olvidan los malos momentos.

4) ¡Ya se nota el mes de marzo!

5) ¿Qué revistas se leen en España?

6) Muchas de las armas fueron compradas con dinero negro.

7) Emilio no esperaba ser ayudado por nadie.

8) El retraso del plan fue criticado duramente por Australia.

9) Este tipo de coches son utilizados como autocaravanas.

10) El abuelo de Lucía fue nombrado embajador en Londres hace quince años.

③ 再帰受身を用いてスペイン語にしましょう。

1) この機械はもう使われていない。

2) ここから花火（los fuegos artificiales）がよく見える。

3) この小説はスペイン語に訳された。

4) この研究所（instituto）では3つの異なる研究（estudio）が行われた。

5) 昨年ポルトガル（Portugal）では約20万台の自動車が売れた。

15 不定人称文

1 次の文を「se ＋動詞の3人称単数形」を用いた不定人称文にしましょう。

1) Vamos a la universidad por esta calle.　　私たちはこの通りを通って大学に行く。

（　　　　　　　） a la universidad por esta　　この通りを通れば大学に行く。

calle.

2) Viven muy bien en esta ciudad.　　彼らはこの町でいい暮らしをしている。

（　　　　　　　） muy bien en esta ciudad.　　この町は暮らしやすい。

3) Antes respetábamos más a los mayores.　　以前は私たちは目上の人をもっと敬っていた。

Antes （　　　　　　　） más a los mayores.　　以前は目上の人がもっと敬われていた。

4) Ustedes no pueden aparcar en esta zona.　　あなた方はこの一帯には駐車できません。

No （　　　　　　　） aparcar en esta zona.　　この一帯は駐車禁止です。

5) Llegamos antes en autobús.　　私たちはバスのほうが早く着く。

（　　　　　　　） antes en autobús.　　バスのほうが早く着く。

2 次の文を「動詞の3人称複数形」を用いた不定人称文にしましょう。

1) Te llamó Cecilia anoche.　　昨夜セシリアから君に電話があったよ。

Te （　　　　　　　） anoche.　　昨夜君に電話があったよ。

2) Adrián dice que mañana va a llover.　　アドリアンは明日は雨だと言っている。

（　　　　　　　） que mañana va a llover.　　明日は雨らしい。

3) Su madre le regaló una pulsera.　　お母さんは彼にブレスレットをあげた。

Le （　　　　　　　） una pulsera.　　彼はブレスレットをもらった。

4) La profesora López suspendió a Raquel.　　ロペス先生はラケルを不合格にした。

（　　　　　　　） a Raquel.　　ラケルは不合格になった。

5) Sandra nos preguntó si sabíamos tu número　　私たちはサンドラに君の電話番号を

de teléfono.　　知っているか聞かれた。

Nos （　　　　　　　） si sabíamos tu número　　私たちは君の電話番号を知っている

de teléfono.　　か聞かれた。

3 日本語に合うように、語を並べ替えて文を作りましょう。

1) この町で一番おいしいのはどのレストランですか？

¿[ciudad, come, en, en, esta, mejor, qué, restaurante, se]?

→

2) 私の住んでいる辺りでは、たくさんの新しいマンションが建設中だ。

[barrio, construyendo, en, están, mi, muchos, nuevos, pisos].

→

3) 彼女はドイツで1年勉強する奨学金をもらった。

〔Alemania, año, beca, dado, en, estudiar, han, le, para, un, una〕.

→

4) 市役所に歩いて行くのに何分かかりますか？

¿〔a, al, ayuntamiento, cuántos, en, ir, minutos, pie, tarda, se〕?

→

5) その角に古着屋がオープンする。

〔a, abrir, de, en, esa, esquina, ropa, tienda, una, usada, van〕.

→

6) この道路では時速80km を超えて走ってはいけない。

〔a, carretera, correr, de, en, esta, hora, kilómetros, más, no, ochenta, por, puede, se〕.

→

7) 以前は子供がもっと厳しく教育されていた。

〔a, antes, educaba, estrictamente, los, más, niños, se〕.

→

8) 観光案内所でこのパンフレットと市街図がもらえるよ。

〔ciudad, dan, de, de, el, en, estos, folletos, la, la, oficina, plano, te, turismo, y〕.

→

9) ここでもう少し待ってもいいですか？

¿〔aquí, esperar, más, poco, puede, se, un〕?

→

10) 彼女は去年会社を解雇された。

〔año, de, despidieron, el, la, pasado, su, trabajo〕.

→

4 スペイン語にしましょう。

1) ここではたばこが吸えますか？

2) レベカ（Rebeca）が会長（presidenta）になるらしい。

3) 空港まで半時間かかる。

4) 私はその映画を見るように勧められた。（勧める　recomendar）

5) ディエゴ（Diego）は中国に派遣されることになっている。（派遣する　mandar）

125

16 関係詞（que, 定冠詞＋que, donde, quien）・強調構文

1 日本語に合うように、カッコ内に適切な語句を入れましょう（1語とは限りません）。

1) ¿Quién es aquel chico (　　　　　　　　　) está hablando Patricia?
パトリシアが話しているあの子は誰ですか？

2) Nos conocimos en una cafetería (　　　　　　　　　) ella trabajaba de cocinera y yo de camarero.
彼女がコック、私がウェイターとして働いていたカフェで私たちは知り合った。

3) La casa (　　　　　　　　　) compraron en las afueras tiene un jardín precioso.
彼らが郊外に買った家にはとてもすてきな庭がある。

4) En esta empresa (　　　　　　　　　) trabaja más gana más.
この会社では、より多く働く者はより多く稼ぐ。

5) (　　　　　　　　　) no entendía bien era por qué me lo dijeron.
よく分からなかったのは彼らがなぜ私にそれを言ったのかだった。

2 日本語に合うように、カッコ内の選択肢から正しいものを選びましょう（複数の可能性あり）。

1) La impresora (que / la que) tengo en casa es mejor que esta.
家にあるプリンターのほうがこれよりもいい。

2) Esta es la ventana por (que / la que / donde) se escapó el canario.
これがカナリアが逃げた窓です。

3) (Quienes / Los que / Que) visitaron el museo quedaron muy contentos.
その美術館を訪れた人はとても満足した。

4) No entiendo (que / lo que / el que) quieren conseguir.
彼らが何を達成したいのか分からない。

5) Tenía una amiga (que / quien / la que) siempre estaba dispuesta a ayudarlo.
彼にはいつでも助けてくれる用意のある友達がいた。

3 下線部を強調した文になるように、カッコ内に適切な語句を入れましょう（1語とは限りません）。

1) Rosario vino por este camino.
→ Es por este camino (　　　　　　　　　) vino Rosario.
ロサリオがやって来たのはこの道だ。

2) Mis padres llegaron antes de ayer.
→ Fue antes de ayer (　　　　　　　　　) llegaron mis padres.
両親が着いたのはおとといだった。

3) Te va a llamar Olga esta noche.

   → Es Olga（   ）te va a llamar esta noche.

   君に今夜電話するのはオルガです。

4) Álex nos trajo una carta.

   → Fue una carta（   ）nos trajo Álex.

   アレックスが私たちのところに持ってきたのは1通の手紙だった。

5) Le expliqué la situación a Claudio.

   → Fue a Claudio（   ）le expliqué la situación.

   私が状況を説明したのはクラウディオにです。

4 日本語に合うように、語を並べ替えて文を作りましょう。

1) 遅刻した人は入れなかった。

   [entrar, llegaron, los, no, pudieron, que, tarde].

   →

2) ガブリエルさんは私の顧客の1人で、もう3年担当しています。

   Don Gabriel es［años, cliente, el, mío, para, que, trabajo, tres, un, ya］.

   →

3) 誠実さが私たちの全てです。

   [es, la, lo, que, sinceridad, tenemos, todo].

   →

4) 彼はあまり時間を取られない仕事を探している。

   [buscando, está, le, mucho, no, que, quite, tiempo, trabajo, un].

   →

5) 彼女と知り合いになった人はみんな彼女のいい思い出を持っている。

   [a, buenos, conocerla, de, ella, guardan, llegaron, quienes, recuerdos].

   →

5 スペイン語にしましょう。

1) 今夜はたくさんすることがある。

2) 祖父がいつも座るのはこのソファーだ。

3) 昨日買った雑誌持ってきた？

4) 私は父が生まれた村を去年訪れた。

5) 私たちが必要としているのはより多くの支援だ。

17

比較

1 日本語に合うように、カッコ内の選択肢から正しいものを選びましょう。

1) Bárbara sabe (más / más bien) de Informática que Paloma.
バルバラはパロマよりも情報科学のことをよく知っている。

2) ¿Quién es (más grande / mayor), Ángela o Gabriela?
アンヘラとガブリエラはどっちが年上ですか？

3) Violeta gana (tan / tanto) como Guillermo.
ビオレタはギジェルモと同じくらい稼ぐ。

4) Mi hija menor dibuja (tan / tanto) bien como Carolina.
私の下の娘はカロリナと同じくらい絵がうまい。

5) En la calle había (tan / tanto / tantos) coches como el otro día.
通りには先日と同じくらい車が多かった。

6) El vino me gusta (menor / menos) que la cerveza.
ワインはビールほど好きではない。

7) Su padre cocina (mayor / mejor) que su madre.
彼女のお父さんのほうがお母さんよりも料理がうまい。

8) En el cine había (tan / tanta) poca gente como la última vez.
映画館にはこの前と同じくらい人が少なかった。

9) La última pregunta fue la (más / muy) difícil.
最後の質問が一番難しかった。

10) Blanca es la (menor / menos) de la familia.
ブランカは家族で一番年下だ。

2 日本語に合うように、カッコ内に適切な語を1つ入れましょう。

1) Las novelas policiacas ya (　　　　) me gustan (　　　　) (　　　　) antes.
推理小説はもう以前ほど好きではない。

2) Este es (　　　　) edificio (　　　　) alto (　　　　) la ciudad.
これは町で一番高い建物だ。

3) Laura es (　　　　) que (　　　　) habla francés (　　　　) todos nosotros.
ラウラが私たちみんなの中で一番フランス語を上手に話す。

4) El inglés es una de (　　　　) lenguas (　　　　) utilizadas en el mundo.
英語は世界でもっともよく用いられている言語の1つだ。

5) Este diccionario es (　　　　) (　　　　) el que he usado hasta ahora.
この辞書は今まで使っていたものよりもいい。

6) A Belén le gusta el violín (　　　　) (　　　　) nada.
ベレンはバイオリンが何よりも好きだ。

128

7) La conferencia fue (　　　　　) aburrida (　　　　　) (　　　　　　) que me imaginaba.
　　講演は想像していたよりもつまらなかった。

8) Tu propuesta fue (　　　　　) (　　　　　) nos pareció (　　　　　) interesante.
　　君の提案が一番我々には興味深く思えた。

9) (　　　　　) (　　　　　) aprendes, (　　　　　) ganas de aprender te dan.
　　学べば学ぶほど、ますます学ぶ意欲がわくものだ。

10) Joaquín es uno de (　　　　　) amigos (　　　　　) veo (　　　　　) frecuentemente.
　　ホアキンは私が一番頻繁に会う友達のうちの1人です。

3 日本語に合うように、語を並べ替えて文を作りましょう。

1) この地域には家よりも店が多い。
　　[casas, esta, hay, más, por, que, tiendas, zona].
　　→

2) 一番好きな食べ物は何ですか？
　　¿[comida, cuál, es, gusta, la, le, más, que]?
　　→

3) パウラのお母さんは私の母より5歳若い。
　　[años, cinco, de, la, la, madre, menos, mía, Paula, que, tiene].
　　→

4) スペイン語は言われているほど簡単ではない。
　　[como, dicen, el, es, español, fácil, no, tan].
　　→

5) 広場には思っていたほど人がいなかった。
　　[de, en, gente, había, la, lo, menos, plaza, pensábamos, que].
　　→

4 スペイン語にしましょう。

1) エスペランサ（Esperanza）は私よりも歌がうまい。

2) 私たちは彼らほど稼いでいない。（稼ぐ　ganar）

3) アルトゥロ（Arturo）はオフィスで一番古い社員だ。

4) 彼女は映画より芝居のほうが好きだ。

5) このプランはもう1つのよりも経済的だ。

129

18 条件文

1 日本語に合うように、カッコ内の選択肢から正しいものを選びましょう。

1) Si (tengo / tenga / tuviera / hubiera tenido) tiempo, te (llamaré / llamaría / habría llamado).

時間があったら電話するね。

2) Si (sabía / supiera / hubiera sabido) la respuesta, se la (diré / diría / habría dicho).

答えを知っていたら、あなたに申し上げたのですが。

3) Si (pude / pudiera / hubiera podido) verla allí, no (estamos / estaríamos / habríamos estado) tan ocupados.

あそこで彼女に会えていたら、今こんなに忙しくないのになあ。

4) Yo en su lugar, no (aceptaré / aceptaría / habría aceptado) la oferta.

私が彼女の立場だったら、その申し出を受けなかっただろう。

5) Si (eres / seas / fueras / hubieras sido) más amable con ellos, no (tenemos / tendríamos / habríamos tenido) un problema así.

君が彼らにもっと親切なら、我々はこんな問題を抱えていないだろうに。

2 1)〜5) に続く適切な表現を、ア)〜オ) から選びましょう。

1) Si tienes hambre,　　　　　　　　　ア) os podría acompañar.

2) Si no estuviera tan cansado,　　　　イ) habríamos podido saber la situación.

3) Si hubiera salido cinco minutos después,　ウ) cambiaría de idea.

4) Si hubieras traído el informe,　　　エ) habría perdido el tren.

5) Si me lo pidiera de rodillas,　　　　オ) hay un bocadillo de jamón en la cocina.

1) - (　　　) 2) - (　　　) 3) - (　　　) 4) - (　　　) 5) - (　　　)

3 日本語に合うように、カッコ内の不定詞を適切な時制に活用させましょう。

1) Si no (**estar**　　　　　　) lloviendo tanto, (**ir**, *nosotros*　　　　　　) andando.

こんなにひどい雨じゃなければ、歩いて行くんだけどなあ。

2) Si no (**querer**, *usted*　　　　　) decírmelo a mí, (**poder**　　　　　) decírselo a ella.

私に言いたくないのでしたら、彼女に言ってください。

3) (**Estar**　　　　　　　　　) trabajando todavía en esa compañía, si no (**tener**　　　　　　　) aquel accidente.

あの事故にあっていなければ、私は今でもその会社で働いていただろう。

4) Si (**salir**, *nosotros*   ) en ese momento, (**llegar**   ) a tiempo.

もしあのときすぐ出ていたら、間に合ったのになあ。

5) Yo que tú, le (**pedir**   ) permiso antes al profesor.

私なら、あらかじめ先生に許可を求めただろうな。

6) Si nos (**entregar**   ) usted una fotocopia del pasaporte, le
(**hacer**   ) el carné para la biblioteca.

パスポートのコピーを提出いただければ、図書館証をお作りします。

7) Si (**ser**   ) mayor de edad, tus padres te (**dejar**   ) viajar solo.

君が成人なら、ご両親も一人旅を許してくれるだろうけどね。

8) Me (**gustar**   ) visitar a mis tíos, si (**poder**   )
tomarme vacaciones.

休みがもし取れたらおじ夫婦を訪ねたいんだけど。

9) Si (**seguir**, *tú*   ) con aquel trabajo, ahora (**estar**   ) hecho
polvo.

あの仕事をあのまま続けていたとすれば、今頃ボロボロになっていたよ。

10) Le (**decir**   ) que no si me lo (**preguntar**   ).

もし彼女に聞かれていれば、いいえと答えていました。

4 スペイン語にしましょう。

1) もしまだ胃が痛むようなら、医者に行かなくちゃいけないよ。

2) 君たちと一緒だったら（con vosotros）パーティーはもっと楽しかっただろう。

3) もっと若かったら迷わずそれをするのだが。（迷わず〜する　no dudar en...）

4) 彼女はもう少し勉強していたら、試験に合格しただろうに。

5) もし彼らがここにいなければ、私たちはそのテーマについて議論できるんだけど。
（〜について議論する　discutir sobre...）

19

譲歩文

1 日本語に合うように、カッコ内の選択肢から正しいものを選びましょう。

1) (Tengo / Tendría / Habría tenido) que preparar la cena para mis hijos aunque (estoy / esté / estuviera) agotado.

くたくただけれども子供たちに夕食を用意しなくてはならない。

2) Aunque (llueve / llueva / lloviera), (iremos / iríamos / habríamos ido) en bici.

雨が降っても自転車で行きます。[天気は不明]

3) No me lo (creí / creería / habría creído) aunque me lo (dijo / dijera / hubiera dicho) él mismo.

彼自身が言ったとしても私はそれを信じなかっただろう。

4) Aunque no (entendía / entendiera / hubiera entendido) nada de inglés, lo (pasé / pasaría / habría pasado) muy bien en Australia.

英語はまったく分からなかったが、オーストラリアではとても楽しく過ごした。

5) Aunque (puedo / pueda / pudiera) ser político, no (querré / querría / habría querido) vivir como él.

たとえ政治家になれるとしても、彼のようには生きたくない。[なる可能性はほぼない]

2 1)～5) に続く適切な表現を、ア)～オ) から選びましょう。

1) Por muy cansado que estés,   ア) con él no saldría.

2) Aunque no quiero hablar del tema,   イ) no habrían llegado a tiempo.

3) Aunque tuviera un día libre,   ウ) no nos dirá nada.

4) Aunque hubieran venido por autopista,   エ) el jefe lo sacará en la reunión.

5) Aunque sepa algo del asunto,   オ) tienes que terminar el trabajo hoy.

> 1) - (   ) 2) - (   ) 3) - (   ) 4) - (   ) 5) - (   )

3 日本語に合うように、カッコ内の不定詞を適切な時制に活用させましょう。

1) Aunque no (**estar**, *tú*   ) de acuerdo, no (**poder**   ) decirles que no.

たとえ賛成じゃなくても、彼らにだめだとは言えないだろう。[実際の意見は不明]

2) Aunque (**ser**   ) tu padre, no te lo (**permitir**   ).

君の父親だったとしても、私はそれを許さないだろう。

3) No (**aceptar**, *nosotros*   ) ese trabajo aunque nos (**pagar**   ) un millón de yenes.

100万円支払われていたとしても、その仕事は受けなかっただろう。

4) Por muy pesado que (**poner**se   ), (**haber**   ) que aguantarlo.

どんなに彼がしつこくしてきても、がまんしなければならない。

5) Aunque (**seguir**   ) trabajando tanto, no (**cambiar**   ) la situación.

私たちがこんなに働き続けたとしても、状況は変わらないだろう。

6) Aunque me (**apetecer**   ) estar en casa descansando, (**tener**   ) que acompañar a mis hijos.

家で休んでいたかったけれど、子供たちについて行かなければならなかった。

7) (**Ir**, *nosotros*   ) a repasar la lección por si acaso aunque ya la (**entender**, *vosotros*   ) bien.

もうちゃんと理解できたかもしれないけれど、念のためこの課を復習しましょう。

8) Aunque no me (**decir**   ) nada, enseguida (**dar**se   ) cuenta.

何にも言われなかったが、私はすぐに気がついた。

9) Alfredo la (**elegir**   ) presidenta, aunque no (**querer**, *vosotros*   ).

アルフレドは彼女を会長に選ぶだろう、たとえ君たちがいやでも。

10) Aunque lo (**hacer**   ) usted, el resultado (**ser**   ) el mismo.

あなたがそれをしたとしても、結果は同じだったでしょう。

4 スペイン語にしましょう。

1) たとえ皆が出て行っても、彼女は意見を変えないだろう。(出て行く　irse)

2) たとえ私の実の (propio) 弟だとしても、彼のことを許さないだろう。

3) あまり勉強しないのに、彼女はいつもいい成績を取る。
   (いい成績を取る　sacar buenas notas)

4) たとえ彼らが前もって (con antelación) 電話していたとしても、席の予約はできなかっただろう。(席を予約する　reservar mesa)

5) 今すぐ彼女に会いに行くべきだよ、たとえ怖くても。(怖がる　tener miedo)

20 願望文

1 日本語に合うように、カッコ内の不定詞を接続法現在形または接続法現在完了形に活用させましょう。

1) ¡Ojalá (**aprobar**, *tú*   ) el examen!
 試験に合格できればいいね。

2) ¡Ojalá usted (**encontrar**   ) su anillo perdido!
 なくした指輪が見つかるといいですね。

3) ¡Ojalá el abuelo (**mejorar**se   ) ya!
 おじいさんがもう良くなっているといいね。

4) ¡Ojalá no (**leer**   ) todavía la noticia!
 彼らがまだ知らせを読んでいませんように。

5) ¡Ojalá mi hijo no (**llegar**   ) tarde a clase!
 息子が授業に遅刻していないといいのだが。

6) ¡Ojalá no (**poner**se   ) nerviosos!
 私たちは緊張しないといいのだが。

7) ¡Ojalá ya (**levantar**se   ) mi marido!
 夫がもう起きているといいのだけど。

8) ¡Ojalá mis niños (**volver**   ) a casa sin problema!
 子供たちが問題なく家に帰っているといいのですが。

9) ¡Ojalá no (**llover**   ) mañana!
 明日は雨にならないといいね。

10) ¡Ojalá sus compañeros lo (**ayudar**   ) un poco!
 彼の仲間が少し彼に協力してくれればいいのに。

2 日本語に合うように、カッコ内の不定詞を接続法過去形または接続法過去完了形に活用させましょう。

1) ¡Ojalá (**estar**, *yo*   ) allí para ayudarte!
 君を手伝うためにそこにいられればいいのだが。

2) ¡Ojalá (**tener**   ) dinero para comprarme un coche nuevo!
 新しい車を買うお金があればなあ。

3) ¡Ojalá (**dar**se   ) cuenta de eso!
 私たちがそのことに気づいていたらなあ。

4) ¡Ojalá (**saber**, *vosotros*   ) hablar nuestro idioma!
 君たちが私たちの言葉を話せればなあ。

5) ¡Ojalá (**pensar**, *tú*   ) en el peligro que llevaba el viaje!
 君がその旅がもたらす危険性について考えていたらなあ。

6) ¡Ojalá (**conocer**se   ) antes!
  彼らがもっと早く知り合っていたらなあ。

7) ¡Ojalá mi hija (**vivir**   ) más cerca!
  娘がもっと近くに住んでいればいいのに。

8) ¡Ojalá (**ser**   ) hermanos!
  私たちが兄弟ならいいのに。

9) ¡Ojalá (**ver**, *vosotros*   ) la película!
  君たちがその映画を見ていたらよかったのに。

10) ¡Ojalá (**poder**, *yo*   ) acompañarte!
  君に付き添うことができたらよかったのに。

3 動詞の時制に注意して、日本語にしましょう。

1) ¡Que te vaya bien!

2) ¡Que tengas suerte!

3) ¡Ojalá hayan llegado a tiempo a la entrevista!

4) ¡Ojalá pudiéramos tomarnos un poco de descanso!

5) ¡Ojalá te hubieran dado el premio!

4 スペイン語にしましょう。

1) 休暇中は楽しんでね。

2) 今夜気温が下がらないといいが。

3) 昨日君に会えればよかったのだが。

4) 私の息子たちがもう少し勉強熱心（estudioso）ならいいのだが。

5) いつものバスが出てしまっていないといいのだが。

分詞構文

1 日本語に合うように、カッコ内の不定詞を現在分詞または過去分詞にしましょう。

1) (**Ser**　　　　　　　) el único hijo, sus padres lo mimaban mucho.

一人息子なので、両親は彼をとても甘やかしていた。

2) (**Estar**　　　　　　　) tan enferma, no podía ir sola al hospital.

彼女はとても具合が悪かったので、一人で病院に行くことができなかった。

3) (**Hacer**　　　　　　　) todos los deberes, los niños han salido a jugar al fútbol.

宿題が全部終わったので、子供たちはサッカーをやりに出かけた。

4) (**Vivir**　　　　　　　) en Tokio, apenas escuchamos el canto de los pájaros.

東京に住んでいるので、私たちはめったに鳥のさえずりを聞くことがない。

5) (**Poner**　　　　　　　) la televisión a todo volumen, no se oía nada de lo que decían.

テレビが大音量で鳴っていたので、彼らが言っていることが何も聞こえなかった。

6) (**Pasar**　　　　　　　) unos meses, ya no me acordaba de su cara.

数ヶ月経っていたので、私はもう彼の顔を覚えていなかった。

7) (**Tomar**　　　　　　　) su consejo en cuenta, hemos cambiado el plan.

彼女のアドバイスを考慮して、我々は計画を変更した。

8) (**Preceder**　　　　　　　) de los niños, los novios salieron de la iglesia.

子供たちの後に続いて、新郎新婦が教会から出てきた。

9) (**Escribir**　　　　　　　) muy deprisa, los documentos tenían muchos errores.

急いで書いたので、書類にはたくさんの間違いがあった。

10) (**Entrar**　　　　　　　) en el salón grande, verás unas pinturas muy hermosas.

大きなリビングに入ると、とても美しい絵画を見ることができるでしょう。

2 次の文を分詞構文を用いた文に書き換えましょう。

1) Como llevas una falda muy bella, pareces muy elegante hoy.

とてもきれいなスカートをはいているので、君は今日とてもエレガントに見えるよ。

→

2) Cuando se callaron los estudiantes, el profesor empezó a hablar muy seriamente.

学生たちがおしゃべりをやめると、先生はとても真剣に話し始めた。

→

3) Como vivían en un lugar muy bien comunicado, no necesitaban coche.

とても交通の便がいい場所に住んでいたので、彼らは車を必要としなかった。

→

4) Como sus padres se habían muerto, tenían que vivir con la familia de sus tíos.

両親が亡くなってしまったので、彼らはおじの家族と暮らさなければならなかった。

→

5) Cuando se abrió la puerta, entró un aire muy fresco de primavera.
ドアが開くと、春の涼しい風が入ってきた。
→

6) Como estaba tan nerviosa, no se daba cuenta de que le temblaba la voz.
とても緊張していたので、彼女は声が震えていることに気づかなかった。
→

7) Como se había preparado cinco horas antes, la comida ya estaba muy fría.
5時間前に作られたので、食事はすっかり冷めてしまっていた。
→

8) Como son muy buenos amigos, siempre salen juntos de viaje.
彼らはとても仲がいいので、いつも一緒に旅行に行く。
→

9) Aunque sabían que era el hijo del presidente, lo trataron igual que a otros niños en la escuela.
大統領の息子だと知っていたが、学校では彼を他の子供たちと同様に扱った。
→

10) Cuando terminó el programa, se fueron a acostar a sus cuartos.
番組が終わると、彼らは自分の部屋に行って寝た。
→

3 分詞構文を用いて、スペイン語にしましょう。

1) 車で行けば、君はそこに5分で着ける。

2) 彼女は日本人だが、京都（Kioto）に行ったことがない。

3) 彼はとても早く話すので、私たちは彼（の言うこと）が理解できなかった。

4) 最終電車が出てしまったので、駅には誰もいなかった。

5) 朝食の用意ができると、彼女は子供を起こしに行った。

話法・時制の一致

1 例にならって、間接話法の文に書き換えましょう。

> 例）Juana dice: "Trabajo en una oficina de turismo ".
> フアナは「私は観光案内所で働いています」と言っている。
> → *Juana dice que trabaja en una oficina de turismo.*
> フアナは観光案内所で働いていると言っている。

1) Mis amigos dicen: "Tenemos una fiesta hoy ".

→

私の友人たちは今日パーティーがあると言っている。

2) Los estudiantes dicen: "Mañana no tendremos clases".

→

学生たちは明日は授業がないだろうと言っている。

3) La profesora me ha dicho: "Vendré a la universidad a las ocho ".

→

先生は私に8時に大学に来るつもりだと言った。

4) Me pregunto siempre: "¿Tendré que dejar propinas en los bares? ".

→

私はバルではチップを置くべきかいつも迷う。

5) El señor nos ha preguntado: "¿Dónde estáis vosotros? ".

→

男性は私たちにどこにいるのか尋ねた。

2 例にならって、間接話法の文に書き換えましょう。

> 例）Dolores dijo: "Trabajo en una oficina de turismo ".
> ドロレスは「私は観光案内所で働いています」と言った。
> → *Dolores dijo que trabajaba en una oficina de turismo.*
> ドロレスは観光案内所で働いていると言った。

1) La doctora me dijo: "Tiene usted que guardar cama ".

→

お医者さんは私にベッドで寝ていなければならないと言った。

2) Nos decía: "Llevo una vida muy tranquila en México ".

→

彼は私たちにメキシコではとても静かな暮らしを送っていると言っていた。

3) Les decía a mis padres: "Seré futbolista ".

→

私は両親にサッカー選手になりたいと言ったものだ。

4) Me preguntaron: "¿Empezará pronto la clase?".

　　→

授業はまもなく始まるのかと私は尋ねられた。

5) Me preguntó: "¿Por qué quieres estudiar español?".

　　→

彼女は私にどうしてスペイン語を勉強したいのかと聞いた。

3 日本語に合うように、カッコ内の不定詞を適切な完了時制に活用させましょう。

1) Me dijeron que para el verano siguiente (**terminar**　　　　　　　) el proyecto.
私は翌年の夏までにはその計画は終わっているだろうと言われた。

2) Creía que cuando llegara la primavera (**volver**　　　　　　　) a mi tierra natal.
私は春が来る頃には故郷に戻っているだろうと思っていた。

3) No sabía si (**visitar**　　　　　　　) Burgos.
私はあなた方がブルゴスに行ったことがあるかどうか知りませんでした。

4) Pensábamos que sus amigos ya (**dar**se　　　　　　　) cuenta de su ausencia.
私たちは彼の友人たちがもう彼の不在に気づいたのだと考えていた。

5) Dijeron que ya en verano (**nacer**　　　　　　　) su bebé.
彼らは夏にはもう赤ちゃんが生まれているだろうと言った。

4 スペイン語にしましょう。

1) UFO（ovni）が存在するかどうかはまだ知られていない。

2) 私たちは彼らからいつ先生に会えるのか尋ねられた。

3) 私は夫がもう家に戻ったと思っていた。

4) 君はロドリゴ（Rodrigo）がマルタ（Marta）と別れたことを知っていたかい？（〜と別れる　romper con...）

5) 子供たちは私に夕食の前には宿題をやり終えているだろうと言った。

23

直説法時制

1 日本語に合うように、カッコ内の不定詞を適切な時制に活用させましょう。

1) ¿Sabes dónde está Rodolfo? — No (**saber**   ), pero hoy (**estar**   ) en casa.

ロドルフォがどこにいるか知ってる？—さあ、でも今日は家にいるだろう。

2) Yo que tú, (**estudiar**   ) un poco más del país antes de visitarlo.

私が君なら訪問する前にその国についてもう少し勉強するでしょう。

3) Los jóvenes no (**hacer**   ) caso de lo que (**decir**   ) los ancianos.

若者たちはお年寄りの言うことに耳を傾けなかった。

4) Me dijeron que (**casar**se   ) pronto.

彼らはまもなく結婚するつもりだと私に言った。

5) Cuando la (**visitar**   ), su marido (**trabajar**   ) en casa.

私が彼女のところにお邪魔したとき、彼女の夫は家で働いていました。

2 日本語に合うように、カッコ内の不定詞を適切な完了時制に活用させましょう。

1) Pensábamos que nuestros hijos (**salir**   ) de casa antes de las ocho.

私たちは子供たちが8時までには家を出ているだろうと考えていた。

2) ¿Sabes a qué hora abren la tienda? — No sé, pero a esta hora ya la (**abrir**   ).

彼らが何時にお店を開けるか知っているかい？—さあ、でもこの時間にはもう開けているでしょう。

3) Mi abuelo decía que (**estar**   ) una vez en Italia.

私の祖父はイタリアに1度行ったことがあると言っていた。

4) Ella no quería contarme lo que (**ocurrir**   ) en su viaje.

彼女は旅行中に何が起こったのかを私に話したがらなかった。

5) ¿Sabes lo que me (**preguntar**   ) en la entrevista de hoy?

私が今日の面接で彼らに何を聞かれたか知っている？

3 日本語に合うように、カッコ内の不定詞を適切な時制に活用させましょう。

1) (**Pensar**   ) que (**conocer**se, *vosotros*   ).

私は君たちが知り合いだと思っていた。

2) (**Preparar**, *nosotros*   ) la comida para la fiesta antes del mediodía porque a la una los invitados (**llegar**   ) ya.

お客さんたちは1時にはもう到着するでしょうから、正午前にパーティーの料理を準備しておきましょう。

3) Todavía no (**sacar**) las entradas cuando (**venir**, *tú*).

   君が来たときにはまだ私は映画のチケットを買っていなかった。

4) La Guerra de la Independencia Española (**estallar**) en 1808 y (**durar**) seis años.

   スペイン独立戦争は1808年に勃発し、6年間続いた。

5) Ella (**decir**) que no le (**gustar**) estudiar en un lugar ruidoso.

   彼女はうるさい場所で勉強をするのは好きじゃないと言っていた。

6) (**Creer**) que (**encontrar**) la solución para el día siguiente.

   私たちは翌日までには彼らが解決策を見つけているだろうと思っていた。

7) Mientras nosotros (**ver**) la televisión, nuestra hermana (**hablar**) por teléfono con alguien.

   私たちがテレビを見ている間、妹は誰かと電話で話をしていた。

8) Cuando (**volver**) mi marido, los invitados (**estar**) en el salón.

   私の夫が家に帰って来たとき、お客さんたちはリビングにいました。

9) No (**entender**) por qué ella (**enfadar**se) tanto.

   彼らはどうして彼女がそれほど怒ったのか理解できなかった。

10) Esta mañana (**haber**) un accidente terrible en la carretera y (**morir**) tres personas.

   今朝、幹線道路でひどい事故があって3人の死者が出た。

4 スペイン語にしましょう。

1) セルバンテス（Cervantes）は1547年に生まれ、1616年に亡くなった。

2) フェデリコ（Federico）が病気になったとき、彼の子供は5歳だった。

3) 私たちが映画館に着いたときには、映画はもう始まっていた。

4) 私が昨夜訪問したとき、彼女は忙しかったのでしょう。

5) 君の息子たちはもうこの番組を見たのかい？―さあ、見たでしょうね。

24

命令文

1 例にならって、命令文を作りましょう。下線部は目的格人称代名詞にかえること。

> **例)** ¿Por qué no compras <u>este libro</u>?　　→ *Cómpralo.*
> どうしてこの本を買わないのですか？　　それを買いなさい。

1) ¿Por qué no os tomáis <u>la leche</u>?
   どうしてミルクを飲んでしまわないの？

   →

2) ¿Por qué no escriben ustedes <u>sus nombres</u>?
   どうしてあなた方はお名前を書かないのですか？

   →

3) ¿Por qué no estudiamos en la biblioteca?
   どうして図書館で勉強しないの？

   →

4) ¿Por qué no se dirigen ustedes a la puerta de embarque número 45?
   どうしてあなた方は45番搭乗ゲートにいらっしゃらないのですか？

   →

5) ¿Por qué no te pones <u>el abrigo</u>?
   どうしてコートを着ないの？

   →

2 例にならって、命令文を作りましょう。

> **例)** No debes ponerte nervioso.　　→ *No te pongas nervioso.*
> いらいらしてはいけない。　　いらいらしないで。

1) No debes ver este programa.　　→ _____
   この番組を見てはいけません。

2) No deben sacar fotos aquí.　　→ _____
   ここで写真を撮影してはいけません。

3) No debéis tener miedo.　　→ _____
   恐れてはいけません。

4) No debemos hacer ruido.　　→ _____
   音を立てないようにしましょう。

5) No debes levantarte tarde.　　→ _____
   寝坊してはだめですよ。

3 ［ ］の動詞を命令形に活用させ、（ ）には適切な接続詞を入れましょう。

1) Niño, no ［**correr**, *tú* 　　　　　　　］ por el pasillo, （　　　　　　　） está mojado.
坊や、廊下で走ってはいけませんよ。濡れているから。

2) ［**Ayudar**me, *vosotros* 　　　　　　　］, （　　　　　　　） os voy a preparar galletas.
私を手伝ってちょうだい。そうすればビスケットを作ってあげるよ。

3) No ［**decir**le, *tú* 　　　　　　　］ eso, （　　　　　　　） se sentirá mal.
そんなことを彼に言ってはだめだよ。気分を害するから。

4) Que los niños no ［**entrar** 　　　　　　　］ en mi despacho, （　　　　　　　）
tengo mucho trabajo hoy.
子供たちを私の書斎に入らせないようにしてね。今日はたくさん仕事があるんだ。

5) ［**Comer**se, *vosotros* 　　　　　　　］ la carne, （　　　　　　　） no podéis tomar postre.
お肉を食べてしまいなさい。そうしないとデザートは食べられませんよ。

6) ［**Llevar**, *nosotros* 　　　　　　　］ paraguas, （　　　　　　　） dicen que va a llover hoy.
傘を持っていきましょう。今日は雨が降るという話だから。

7) No ［**beber** 　　　　　　　］, Mercedes, （　　　　　　　） hoy tienes que conducir.
飲んではだめよ、メルセデス。今日は運転しなきゃならないのだから。

8) ［**Empezar** 　　　　　　　］ ustedes a arreglarse ahora mismo, （　　　　　　　）
no les dará tiempo.
今すぐ身支度を始めてください。そうしないと時間が足りませんよ。

9) ［**Ir**se, *nosotros* 　　　　　　　］ ya, （　　　　　　　） se hace tarde.
もう行きましょう。遅くなりますから。

10) No ［**salir** 　　　　　　　］ ustedes de la estación, （　　　　　　　） yo les voy a buscar.
駅から出ないでください。私がお迎えに行きますから。

4 スペイン語にしましょう。

1) ［tú に対して］もっと大きい声で話してよ。聞こえないから。

2) ［ustedes に対して］歩きながらたばこを吸わないでください。

3) ［tú に対して］ソファーで寝てはだめよ。

4) ［usted に対して］5番窓口（ventanilla）でお支払いください。

5) ［vosotros に対して］急がないと遅刻するよ。

143

25 直説法・接続法

1 日本語に合うように、カッコ内の不定詞を直説法現在形または接続法現在形に活用させましょう。

1) No es tan importante que (**leer**, *tú*   ) el artículo.
   君がその記事を読むことはそれほど重要ではない。

2) Es seguro que él (**venir**   ) a la fiesta.
   彼がパーティーに来ることは確かだ。

3) Es bueno que (**pensar**   ) bien lo que vas a hacer.
   自分のやろうとしていることをよく考えるほうがいい。

4) Está claro que no (**tener**   ) la culpa.
   彼らに罪がないことは明らかだ。

5) Estoy de acuerdo en que (**casar**se   ) con él.
   私は君が彼と結婚することに賛成です。

2 日本語に合うように、カッコ内の不定詞を直説法現在形または接続法現在形に活用させましょう。

1) Aunque lo (**tener**   ) todo preparado, no sé si saldrá bien la entrevista.
   私はすべてを用意してあるけれども、面接がうまくいくかどうかは分からない。

2) Aunque te (**parecer**   ) inútil, es importante seguir haciéndolo.
   君には意味のないことに見えても、それをやり続けるのは重要だ。

3) Cuando (**venir**   ) a Yokohama, no dudes en pasar por nuestro piso.
   横浜に来たら、私たちのマンションにぜひ立ち寄ってください。

4) Cuando (**salir**   ) de viaje, siempre llevo esta maleta.
   旅行に出かけるときには、私はいつもこのスーツケースを持っていく。

5) Me dicen que (**ir**   ) a trabajar un año a Ecuador.
   彼らは1年間エクアドルで働くと言っている。

6) Me dicen que lo (**pensar**   ) bien antes de hacerlo.
   やる前に十分考えるように私は彼らに言われている。

7) Tengo un coche que (**gastar**   ) poca gasolina.
   私は燃費のいい車を持っている。

8) Busco un coche que me (**permitir**   ) moverme cómodamente por la ciudad.
   町中を快適に動き回れる車を探している。

9) ¿Le importa si la (**dejar**, *nosotros*   ) un rato?
   少しの間席を外してもかまいませんか？

10) ¿Le importa que (**poner**, *yo*   ) la radio?

ラジオをつけてもかまいませんか？

3 日本語に合うように、カッコ内の不定詞を直説法または接続法の適切な時制に活用させましょう。

1) Me alegro de que (**sacar**, *vosotros*   ) buenas notas.

私は君たちがよい成績を取ったことがうれしい。

2) Era imposible que (**llegar**, *usted*   ) al destino antes de las ocho.

あなたが目的地に8時前に到着することは不可能でした。

3) Parecía que mi hijo (**tener**   ) fiebre.

私の息子は熱があるように見えた。

4) Estoy seguro de que (**salir**   ) bien el concierto.

コンサートが成功したと私は確信している。

5) Creíamos que (**terminar**   ) la cena antes de las once.

11時には私たちは夕食を終えているだろうと思っていた。

6) No parecía que (**fracasar**, *ustedes*   ) en el negocio.

あなた方が商売に失敗したようには見えませんでした。

7) Cuando (**hacer**   ) los deberes, puedes salir a jugar.

宿題をやってしまったら、遊びに行っていいよ。

8) Me pidieron que (**llamar**   ) a una ambulancia.

私は救急車を呼ぶように頼まれた。

9) Esperaba a que mis hermanos (**volver**   ) de la escuela.

私は兄弟たちが学校から帰ってくるのを待っていた。

10) Aunque no te (**caer**   ) bien ese chico, es injusto hablar mal de él ante sus amigos.

たとえその子が気にくわなくても、その子の友達の前で悪口を言うのはフェアじゃない。

4 スペイン語にしましょう。

1) （私は）君たちに物音を立てないように頼むよ。

2) ［ustedes に対して］質問があればどうか私にお電話ください。

3) 私はエクトル（Héctor）が明日大学に行くとは思わない。

4) たとえ僕は遠くに住んでいても、いつも君のことを考えているよ。

5) （君は）大きくなったら何になりたい？

写真を「読む」⑤ SANTANDER, ESPAÑA（サンタンデル・スペイン）

Cuida tu parque. No dejes tu perro suelto.

「公園を守ろう。犬を放さないでください。」

＊サンタンデルは、たくさんの観光客が訪れるスペイン・カンタブリア海の夏のリゾート地。写真 は海に面した公園にある注意書き。

写真を「読む」⑥ SALAMANCA, ESPAÑA（サラマンカ・スペイン）

Nadie vende tan barato.

「こんなに安く売っている人はいない。」

＊サラマンカのお土産屋さんの上に掲げられたもの。「うちが一番安いですよ」の意味。サラマン カの町は観光客も多く、お土産屋さんが軒を連ねる。

レベル3
Nivel 3

冠詞

❶ 日本語に合うように、語を並べ替えて文を作りましょう（斜体の動詞は適切に活用させること）。

1) どうして私が昨日のことを知ることができるというんだ？

¿[ayer, cómo, de, lo, *poder*, saber]?

→

2) スペインのビーチは日本のものとは非常に異なる。

[de, de, de, distintas, España, Japón, las, las, muy, playas, *ser*].

→

3) 左の絵は好きだけれど、右のは好きではない。

[cuadro, de, de, derecha, el, el, *gustar*, izquierda, la, la, me, no, pero].

→

4) 重要なのは希望を失わないことです。

[esperanza, importante, la, lo, no, perder, *ser*].

→

5) アレハンドロは緑色の、私は黄色のネクタイを買った。

[Alejandro, amarilla, *comprar*, corbata, una, una, verde, y, yo].

→

❷ スペイン語にしましょう。

1) これは何？　ボール（pelota）？―いいえ、チーズです。

2) ホセ（José）はメロンが大好きですが、リンゴはあまり好きではありません。

3) 私は週に4度スペイン語の授業があります。

4) 君は先週末どこにいたの？

5) この値段には15％の消費税（IVA）が含まれる。（含む　incluir）

動詞の用法

1　日本語に合うように、語を並べ替えて文を作りましょう（斜体の動詞および再帰
　　代名詞は適切な形にすること）。

1）テレサは何て言っていいのか分からずに鏡をのぞき込んだ。

　　[decir, el, en, espejo, *mirar*, qué, saber, *se*, sin, Teresa].

　　→

2）鉛筆はコンピューターによって完全に取って代わられた。

　　[completamente, lápices, los, los, ordenadores, por, *ser*, sustituidos].

　　→

3）私は空港の横にあるホテルに泊まるつもりだ。

　　[a, aeropuerto, al, alojar, del, en, *estar*, hotel, *ir*, lado, que, *se*, un].

　　→

4）1995年1月17日に神戸で地震があった。

　　[de, de, 17, el, en, enero, *haber*, Kobe, 1995, terremoto, un].

　　→

5）それを聞くと、彼らは踊るのをやめ、小声で話し始めた。

　　[a, al, bailar, baja, de, *dejar*, en, *empezar*, hablar, oírlo, voz, y].

　　→

2　スペイン語にしましょう。

1）君は退屈そうだね。―そう、今見ている映画がとても退屈なんだよ。

2）明日のスペイン語のテストはやさしくないだろう。

3）僕は君にそう言おうとしてたんだ。

4）そうすることはとても難しいに違いない。

5）ルイス（Luis）は君の新車を運転したがっている。

3

❶ 日本語に合うように、語を並べ替えて文を作りましょう（斜体の動詞および再帰
代名詞は適切な形にすること）。

1) うちの子はハムが大好きだ！

¡[a, el, *encantar*, hijo, jamón, le, mi]！

→

2) この2つの単語に何か違いがありますか？

¿[alguna, diferencia, dos, entre, estas, *haber*, palabras]？

→

3) その国へまた旅行したいかどうか私は彼に尋ねた。

[a, ese, hacer, le, otro, país, *preguntar*, *querer*, si, viaje].

→

4) 私たちが今どこにいるとあなたは思いますか？

¿[ahora, *creer*, dónde, *estar*, que, usted]？

→

5) 君に直接それを言うことができて私はどれほどうれしいか！

¡[*alegrar*, cuánto, de, decírtelo, directamente, poder, *se*]！

→

❷ スペイン語にしましょう。

1) それは冗談ですよね？冗談のはずだ！

2) 彼女の弟さんはどんな人なの？あなたは彼を知ってるの？

3) お母さんはどう？―少しずつ良くなっています。

4) 何て陽気な女の子だろう！

5) この春は何て雨が降るんでしょう！

現在完了・点過去

1 日本語に合うように、語を並べ替えて文を作りましょう（斜体の動詞および再帰代名詞は適切な形にすること）。

1) パブロは今晩起こったことを私に話してくれた。

[*contar*, esta, lo, me, noche, Pablo, sucedido].

→

2) 本当にギジェルモは立派な青年になったね。

[Guillermo, *hacer*, hombre, la, que, *se*, *ser*, todo, un, verdad].

→

3) 東方の三賢人は、一年間いい子だったすべての子供たちにプレゼントを持ってくる。

Los Reyes Magos traen [a, año, buenos, durante, el, los, niños, que, regalos, *ser*, todos].

→

4) 昨夜4時間も働いたので、僕はへとへとだ。

[agotado, anoche, cuatro, *estar*, horas, porque, *trabajar*].

→

5) なぜあの時私が彼に1000ユーロ渡したのか君は知っているかい？

¿[aquel, *dar*, en, euros, le, los, mil, momento, por, qué, *saber*]?

→

2 スペイン語にしましょう。

1) あなたはもう朝食を食べましたか？―いいえ、まだ食べていません。

2) 君たちは今週サンティアゴを訪れたの？―ええ、中心街（centro）へ行きました。

3) （君は）昨夜出かけた？―ええ、一杯やりに。（一杯やる　tomar una copa）

4) 1921年にその2つのビルはわずか5ヶ月で建設された。

5) 今年私たちはグアナフアトへ行きました。そこは私が一番気に入った場所（sitio）です。

5 点過去・線過去

1 日本語に合うように、語を並べ替えて文を作りましょう（斜体の動詞は点過去形または線過去形に活用させること）。

1) マルタとアンヘルは私と一緒に行ってもかまわないと言ってくれた。

[acompañarme, Ángel, *decir*, *importar*, les, Marta, me, no, que, y].

→

2) 私たちはまだ開いていたバルに入った。

[abierto, bar, en, *entrar*, *estar*, que, todavía, un].

→

3) エンリケはビセンテが普段使っている時計を見つけた。

[el, *encontrar*, Enrique, habitualmente, que, reloj, *soler*, usar, Vicente].

→

4) あなたが毎朝体操をしているのを私は知っていた。

[gimnasia, *hacer*, las, mañanas, por, que, *saber*, usted].

→

5) 私は君がまだ私に恋しているかどうか確かめたかった。

[aún, comprobar, de, enamorado, *estar*, mí, *querer*, si].

→

2 スペイン語にしましょう。

1) 私がシャワーを浴びている間に、夫は朝食の準備をした。

2) 私が部屋を出ようとしたとき、すでにドアは開いていた。

3) ここで生まれた人たちはそれを申請する権利（derecho）がある。（申請する　solicitar）

4) 私は並ばなければならなかったので、それを買うのにとても時間がかかった。

（並ぶ　hacer cola、〜するのに[時間が]かかる　tardar en...）

5) すみません、マティルデ・ディアス（Matilde Díaz）さんとお話ししたいのですが。

レ
ベ
ル
3

5/25

152

完了時制

1 日本語に合うように、語を並べ替えて文を作りましょう（斜体の動詞は適切に活用させること）。

1) 私がそのジャケットを買いに行ったときには、もう売れてしまっていた。
   [a, chaqueta, comprar, cuando, *ir*, la, la, *vender*, ya].
   →

2) 彼が部屋に入ると、会議はもう始まっていた。
   [cuando, *empezar*, en, *entrar*, la, la, reunión, sala, ya].
   →

3) ロラはこの事務所で働く前に、大学を卒業していたのだろう。
   [antes, carrera, de, en, esta, la, Lola, oficina, *terminar*, trabajar].
   →

4) 3月中旬には桜がもう咲いているだろう。
   [cerezos, de, *florecer*, hacia, los, marzo, mediados, ya].
   →

5) 私は今までこんなにおいしいガスパチョを食べたことがありません。
   [ahora, *comer*, gazpacho, hasta, nunca, rico, tan, un].
   →

2 スペイン語にしましょう。

1) あの人たちは20世紀初頭（a principios de）にペルーに移住した人たちの子孫（descendiente）だった。（移住する　inmigrar）

2) 私がすっかり目を覚ましたときには、セバスティアン（Sebastián）はもう出かけていて、数時間後に私は彼を浜辺で見つけた。

3) 僕は（今までに）何度も恋をしたし、これからも何度もするだろう。
   （恋をする　enamorarse）

4) ママに何が起こったのだろう？

5) 彼らは国へ発ったのだろうと私たちは考えていた。

153

1　日本語に合うように、語を並べ替えて文を作りましょう（斜体の動詞は適切に活用させること）。

　1）今年のリーグ戦が始まって2ヶ月になる。

　　[año, de, dos, *empezar*, este, *hacer*, la, liga, meses, que].

　　→

　2）私が運転免許証を取ってほんの1月半だった。

　　[carné, conducir, de, el, *hacer*, medio, mes, que, *sacar*, solo, un, y].

　　→

　3）私たちはもう3時間もロサのことを待っている。

　　[a, esperando, horas, *llevar*, Rosa, tres, ya].

　　→

　4）私は5年前からその学会の会員です。

　　[años, asociación, cinco, de, desde, esa, *hacer*, *ser*, socio].

　　→

　5）文化センターはちょうど1年前にオープンした。

　　[año, centro, cultural, el, *hacer*, inaugurado, justo, *ser*, un].

　　→

2　スペイン語にしましょう。

　1）彼は1年半前からユネスコ（la UNESCO）で働いている。

　2）ペペ（Pepe）、どのくらい僕たちは会っていないかな？―4年前に会ったよ。

　3）来て2週間にもならないのに、君はもう行ってしまうの？

　4）この春彼は亡くなった。その何年も前から私たちは彼に会っていなかった。

　5）空港から私は彼らに電話した。そのほんの少し前に彼らは家に着いていた。

未来・過去未来

1 日本語に合うように、語を並べ替えて文を作りましょう（斜体の動詞は適切に活用させること）。

1) 私は君に何も言わないほうがいいと思ったんだ。

[decirte, mejor, nada, no, *pensar*, que, *ser*].

→

2) 政府内で何らかの変化があるだろうと今日新聞で読んだ。

[algún, cambio, el, el, en, en, gobierno, *haber*, hoy, *leer*, periódico, que].

→

3) 今頃彼らは家で試合を見ているだろう。

[a, casa, el, en, *estar*, estas, horas, partido, viendo].

→

4) 我々は現時点でいかなる決定もするべきではないだろう。

[*deber*, decisión, en, este, momento, ninguna, no, tomar].

→

5) 試験結果は家に送りますと言われた。

[a, casa, de, *decir*, el, la, *mandar*, me, me, prueba, que, resultado].

→

2 スペイン語にしましょう。

1) この夏は休暇がほとんどないだろうから、あまり遠くには旅行できないだろう。

2) 彼女は今何をしているのだろう？私のことを考えているのだろうか。

3) ご興味がおありなら、なぜ私がこの家に来たのかをあなたに話してあげましょう。

4) 一緒に行くかと彼が尋ねているのだと私は思った。

5) いつその戦争が終わるか誰にも分からなかった。

155

知覚・使役構文

1 日本語に合うように、語を並べ替えて文を作りましょう（斜体の動詞は適切に活用させること）。

1) 私たちは誰かが夜にとても激しく泣くのを聞いていた。

[a, alguien, fuerte, la, llorar, muy, noche, *oír*, por].

→

2) 彼の手紙で私はその国の状況を考えさせられた。

[carta, del, en, *hacer*, la, me, país, pensar, situación, su].

→

3) 私たちは君が怪しい外見の男と出かけるのを見た。

[apariencia, con, de, hombre, salir, sospechosa, te, un, *ver*].

→

4) 私は背後から何かが近づいて来ているのを感じた。

[a, acercándose, algo, espalda, mi, *sentir*].

→

5) 私たちはマリルスを好きなだけ寝かせてやりましょう。

[a, a, cuanto, dejar, dormir, *ir*, Mariluz, quiera].

→

2 スペイン語にしましょう。

1) 何ヶ月か前から私たちは彼女が出入りするのを見かけます。

2) なぜ何年もの間、君はフランス人だと私に思わせたんだい？

3) 私は祖父が笑い話をするのを聞くのが好きだった。（笑い話をする　contar chistes）

4) 彼らは許可証（permiso）を持っていない者は誰も通さない。

5) 彼女がテレビの中で涙を拭うのが私には見えた。（涙を拭う　secarse las lágrimas）

人称代名詞

1 日本語に合うように、語を並べ替えて文を作りましょう（斜体の動詞および再帰代名詞は適切な形にすること）。

1) 先月彼に貸した本をまだ返してもらっていない。

[*devolver*, el, el, le, libro, me, mes, no, pasado, *prestar*, que, todavía].

→

2) 彼らは新しい事業でとてもうまくいっている。

[a, bien, el, ellos, en, *ir*, les, muy, negocio, nuevo].

→

3) あなたのご両親はきっとリマが気に入ると思います。

[a, de, *estar*, *gustar*, les, Lima, padres, que, seguro, sus].

→

4) ハイメは奨学金をもらう予定だと私に言った。

[beca, *dar*, *decir*, Jaime, le, me, que, una].

→

5) 父親は子供たちにお願いだから行儀よくしてくれと頼んだ。

[a, bien, el, hijos, les, padre, *portar*, que, *rogar*, se, sus].

→

2 スペイン語にしましょう。

1) 鍵はどこ？―ここだよ。―じゃあ、それでドアを開けて。

2) タコス（tacos）が好きなのは誰？君かい？―いいえ、僕じゃない。マリオ（Mario）だよ。マリオは大好きだ。

3) 彼女に腹を立てないで、君のことを思ってそうしてくれたんだから。（～に腹を立てる enfadarse con...）

4) 彼らはずっと幸せに暮らしてきたし、これからもそうし続けなければならない。

5) 彼はルベン・ダリオ（Rubén Darío）の詩（poesía）を私に暗唱し、私にそれを暗記させたものだ。（暗唱する　recitar、暗記する　aprender de memoria）

前置詞

1 日本語に合うように、語を並べ替えて文を作りましょう（斜体の動詞および再帰代名詞は適切な形にすること）。

1) 窓を通して地中海が見える。

[a, de, el, la, Mediterráneo, se, través, ventana, *ver*].

→

2) 彼が助けてくれたおかげで、私たちは困難を乗り越えられた。

[a, ayuda, dificultades, gracias, las, *poder*, su, vencer].

→

3) 雪のため、列車が止まった。

[a, debido, el, la, nevada, *parar*, *se*, tren].

→

4) 来週から私は車を使うのをやめるつもりだ。

[a, coche, de, dejar, desde, el, *ir*, la, próxima, semana, usar].

→

5) そのテロリストは空港で警察に逮捕された。

[aeropuerto, detenido, el, el, en, la, policía, por, *ser*, terrorista].

→

2 スペイン語にしましょう。

1) その工事（obras）はなぜ、何のために始まったのですか？

2) 今は君と話せないよ。5分したら電話して。

3) ユーロ（euro）はドル（dólar）に対して（respecto a...）14.4％上がった。

4) メキシコ人の先生の指導のもと、私は卒業論文（tesina de graduación）を書いた。

5) 我々一人一人が気候危機（crisis climática）に対して行動しなければならない。（行動する actuar）

12

接続詞

1 日本語に合うように、語を並べ替えて文を作りましょう（斜体の動詞および再帰代名詞は適切な形にすること）。

1) 君たちが今日の試合に勝って、私たちはうれしい。

[*alegrar*, de, de, el, *ganar*, hoy, partido, que, *se*].

→

2) 終電に乗り遅れてしまったので、私はタクシーで家に帰った。

[a, casa, como, el, en, *perder*, taxi, tren, último, *volver*].

→

3) 雨が降らない限り、私は歩いてスタジアムまで行くつもりだ。

[a, a, al, estadio, *ir*, *llover*, menos, pie, que].

→

4) 賃金を上げてもらうために、私たちは上司と話すつもりだ。

[con, el, *hablar*, jefa, la, nos, para, que, *subir*, sueldo].

→

5) 君がバルセロナに来たら、グエル公園に連れて行ってあげるよ。

[a, al, Barcelona, cuando, Güell, *llevar*, Parque, te, *venir*].

→

2 スペイン語にしましょう。

1) 彼が来る前に、私たちにそのことを話して。

2) 私はこの契約（contrato）に反対なだけでなく、その企業との取引（trato）を考え直すことを提案する。（〜に反対する　oponerse a...、考え直す　reconsiderar）

3) もしあなたか私が行かなければならないのなら、喜んで私が行きましょう。

4) 2週間後まで補助金（subvención）がもらえるかどうか私たちには分からないだろう。

5) その元首相（ex primer ministro）が亡くなったという知らせを昨日私たちは受け取った。

再帰動詞

1 日本語に合うように、語を並べ替えて文を作りましょう（使う必要のない語が1つ入っています。斜体の動詞および再帰代名詞は適切な形にすること）。

1) 君たちは日本の生活にもう慣れましたか？

¿[a, *acostumbrar*, con, japonesa, la, *se*, vida, ya]?

→

2) 彼女の誕生日を君は覚えているかい？

¿[*acordar*, cumpleaños, de, en, *se*, su]?

→

3) 私たちは道を間違えてしまったようだ。

[a, camino, de, *equivocar*, *parecer*, que, *se*].

→

4) 私にはその申し出を断る勇気はない。

[a, *atrever*, la, no, oferta, por, rechazar, *se*].

→

5) 母は娘がうそをついたので、娘に腹を立てた。

[con, *enfadar*, hija, la, le, madre, *mentir*, para, porque, *se*, su].

→

2 スペイン語にしましょう。

1) エドゥアルド（Eduardo）は先に食事をしておかなかったことを後悔した。

2) フランシスコ（Francisco）は午後ずっと家にいた。

3) テニスを始めてから、彼女はとても社交的（sociable）になった。

4) 目を閉じてその人の言葉に集中するほうがよい。

5) 盗まれないように、お金は全部ポケット（bolsillo）に入れておきなさい。（[自分の体・着衣の部分に]〜を入れる　meterse... en...）

ser 受身・再帰受身

1 次の能動文を **ser** を用いた受身の文に書き換えましょう。

1) El diputado calificó de positiva la noticia.
   議員はそのニュースを肯定的に評価した。

   →

2) La próxima semana el Rey le entregará el premio Cervantes.
   来週国王は彼女にセルバンテス賞を渡すでしょう。

   →

3) Todos los públicos podían ver la película.
   すべての観客はその映画を見ることができた。

   →

4) Los enfermeros especialistas deben atender a los bebés.
   専門の看護師が赤ちゃんをみなければならない。

   →

5) Los enemigos continúan atacando constantemente a los cincuenta mil habitantes.
   敵は5万人の住民たちを絶えず攻撃し続けている。

   →

2 スペイン語にしましょう。

1) その提案は委員会（comisión）のメンバー全員により承認された。（承認する　aprobar）

2) 大量のオリーブオイルがEU（Unión Europea）に向けて輸出されている。

3) ドンキホーテ（El Quijote）は初めから成功を収め、すぐにいくつもの言語に翻訳された。（成功する　tener éxito）

4) この地方（región）ではいいワインが生産される。

5) そのイベントは祖父母の金婚式（bodas de oro）を祝うために孫たちによって企画された。

不定人称文

1 日本語に合うように、語を並べ替えて文を作りましょう（斜体の動詞は適切に活用させ、必要に応じて **se** を補ってください）。

1）その夕食会にはジーンズで行けますか？

¿[a, cena, en, esa, ir, *poder*, vaqueros]?

→

2）私はその部屋に入るのを禁じられた。

[en, entrar, esa, me, *prohibir*, sala].

→

3）駅の隣にスーパーがオープンしたばかりだ。

[abrir, *acabar*, al, de, de, estación, la, lado, supermercado, un].

→

4）彼女は図書館でフォルダーを盗まれた。

[biblioteca, carpeta, en, la, la, le, *robar*].

→

5）この通りを行くと親友の家です。

[a, amigo, calle, casa, de, esta, *ir*, la, mejor, mi, por].

→

2 スペイン語にしましょう。

1）市役所（ayuntamiento）へはどう行けばいいですか？―この道をまっすぐ行けばいいですよ。

2）クレジットカード（tarjeta de crédito）で支払いできますか？―いいえ、ここでの支払いは現金（en efectivo）です。

3）スペインではふつう2時を過ぎてから昼食をとります。

4）私は誕生日にたくさんプレゼントをもらった。

5）彼女はいつも姉と間違われる。（～と間違える　confundir con...）

関係詞（que, 定冠詞＋que, donde, quien, 定冠詞＋cual, cuyo）・強調構文

1 2つの文を関係詞を用いて1文にしましょう。

> 例）Tengo un coche alemán. ＋ El coche gasta poco combustible.
> → *Tengo un coche alemán que gasta poco combustible.*
> 私は燃費のいいドイツ車を持っている。

1) Esta es la avenida. ＋ El desfile pasó por esta avenida.

→

これはパレードが通った大通りだ。

2) Ayer cené con un amigo. ＋ Tengo mucha confianza en él.

→

昨日とても信頼している友人と夕食をとった。

3) En el hotel había un patio precioso. ＋ La recepción estaba al lado del patio.

→

ホテルにはすてきな中庭があり、その隣にフロントがあった。

4) David empezó a vivir solo. ＋ Eso causó una gran confusión a la familia.

→

ダビは一人暮らしを始めたが、それは家族を大いに困惑させた。

5) El escritor italiano ha ganado el Premio Nobel. ＋ Sus obras se leen en todo el mundo.

→

そのイタリア人作家は、世界中でその作品が読まれているが、ノーベル賞を受賞した。

2 スペイン語にしましょう。

1) ラウラ（Laura）と僕が知り合ったのはリオデジャネイロ（Río de Janeiro）だった。

2) このブラウス（blusa）が気に入ったの？―いいえ、ショーウインドー（escaparate）にあるもののほうが気に入りました。

3) 昨日私たちが行った劇場は19世紀に創設された。（創設する　fundar）

4) 彼は行ってしまう前に知っていることをすべて私に語ってくれた。

5) 先日あなたに話した近所の女性（vecina）があなたに会いたがっています。

レベル3

16/25

163

比　較

1 日本語に合うように、語を並べ替えて文を作りましょう（斜体の動詞は適切に活用させること）。

1) この道路は、週末は交通量が平日よりずっと少ない。

En esta carretera［de, días, fines, *haber*, laborables, los, los, menos, mucho, que, semana, tráfico］.

→

2) 試験は私たちが思っていたより難しかった。

［de, difícil, el, examen, lo, más, *pensar*, que, *ser*］.

→

3) ワインは彼が一番好きな飲み物だ。

［bebida, el, *gustar*, la, le, más, que, *ser*, vino］.

→

4) この車は前のほど燃費が悪くない。

［anterior, coche, como, el, este, gasolina, *gastar*, no, tanta］.

→

5) 彼女は英語ほどスペイン語がうまくない。

［bien, como, español, *hablar*, inglés, no, tan］.

→

2 スペイン語にしましょう。

1) 私は同僚たちほどたくさん本を持っていない。

2) 新しい上司は私たちが思っていたよりずっと慎重（prudente）です。

3) スペインの都市すべての中で私はバルセロナが一番好きです。

4) 所長（director）が私たちのオフィスの中で一番働き者です。

5) 祖父は誰よりも上手に絵を描いたものでした。

条件文

1 日本語に合うように、語を並べ替えて文を作りましょう（斜体の動詞は適切に活用させること）。

1) 彼女がここに私たちと一緒にいてくれれば、仕事をすぐに終えられるのに。
   [aquí, con, el, ella, en, *estar*, momento, nosotros, *poder*, si, terminar, trabajo, un].
   →

2) あなたが車でターミナルまで送ってくださっていなければ、私たちはバスに乗り遅れていました。
   [a, autobús, coche, el, en, la, *llevar*, no, nos, *perder*, si, terminal].
   →

3) もう少し短ければその小説はもっといいんだけどなあ。
   [corta, esa, más, mejor, mucho, novela, poco, *ser*, *ser*, si, un].
   →

4) 熱があったのなら、どうして仕事に行ったの？
   ¿[al, fiebre, *ir*, por, qué, si, *tener*, trabajo]?
   →

5) 君があのアドバイスをくれていなければ、今僕は途方に暮れていただろう。
   [ahora, aquel, consejo, *dar*, *estar*, me, no, perdido, si, totalmente].
   →

2 スペイン語にしましょう。

1) もっと前に知らせてくれていたら、（私は）君の手伝いができたのに。

2) 君はもし十分お金があるとしたら、どこへ旅行したい？―ブラジル（Brasil）へ行きたいね。

3) 電車が遅れて着くようだったら、我々はタクシーをつかまえないといけない。

4) もし時間があったら、（私は）君に会いに行っていたよ。

5) もし本当のことを知っていたら、（私は）君たちにそれを言うよ。

譲歩文

1 　日本語に合うように、語を並べ替えて文を作りましょう（斜体の動詞および再帰代名詞は適切な形にすること）。

1) どんなに複雑でも、我々はその問題と向き合わなければならない。

[complicado, con, *enfrentar*, ese, muy, por, problema, que, que, *se*, *ser*, *tener*].

→

2) たとえ行列がもっと長かったとしても、私たちはそのレストランで食べただろう。

[aunque, cola, *comer*, en, ese, la, larga, más, restaurante, *ser*].

→

3) 明日またおいでになっても社長にはお会いになれません。

[al, aunque, mañana, no, *poder*, presidente, usted, ver, *volver*].

→

4)（私は）やるべき仕事がいっぱいあったのに、テレビを見て何時間も過ごした。

[aunque, hacer, horas, la, muchas, mucho, *pasar*, que, tele, *tener*, trabajo, viendo].

→

5) 映画があまり好きじゃなくても、この映画はとても気に入るよ。

[a, aunque, cine, el, encantar, esta, *gustar*, *ir*, mucho, no, película, te, te].

→

2 　スペイン語にしましょう。

1) 私は時間があったとしても、彼には会いに行きたいとは思わなかっただろう。

2) 私はたとえ両親に反対されても、イサベル（Isabel）と結婚するつもりだ。

3) いくら暑くても、父はエアコン（aire acondicionado）をつけないでしょう。

4) どんなに忙しくても、彼はもっと勉強しないといけないだろう。

5) 彼女は頭がよかったけれど、奨学金を得られなかった。（得る　conseguir）

願望文

1 日本語に合うように、語を並べ替えて文を作りましょう（斜体の動詞および再帰
代名詞は適切な形にすること）。

1) 今日がいい天気だったらよかったのに。

¡Ojalá [buen, *hacer*, hoy, tiempo]!

→

2) そのことを（君が）早く言ってくれていればよかったのに。

¡Ojalá [antes, *decir*, lo]!

→

3) 私の友人たちがまだ帰ってしまっていなければいいのだが。

¡Ojalá [amigos, *ir*, mis, no, *se*, todavía]!

→

4) 昨夜両親がそのことに気づかなければよかったのに。

¡Ojalá [anoche, cuenta, *dar*, de, eso, mis, no, padres, *se*]!

→

5) 昨日は家にいて、（私は）その番組を見ればよかったなぁ。

¡Ojalá [ayer, casa, el, en, *estar*, programa, *ver*, y]!

→

2 スペイン語にしましょう。

1) 私の息子が試験に合格していればいいのに。（合格する　aprobar）

2) 私たちは時間通りに到着できるかな。―そう思うよ。道路が混んでいなければいいんだけど。
（道路が混む　haber mucho tráfico / atascos）

3)（私は）こんな家を買いたいなあ。宝くじ（lotería）が当たっていればよかったのになあ。

4) この日曜日は彼氏と芝居を見に行くつもり。―楽しんできてね。（楽しむ　divertirse）

5) もう列車が出るから。―いいご旅行を。

分詞構文

1 分詞構文を用いて、日本語に合うように語を並べ替えて文を作りましょう（斜体の動詞および再帰代名詞は適切な形にすること）。

1）演劇が終わるとすべての観客が立ち上がって拍手をした。

[*aplaudir*, de, en, espectadores, la, los, obra, pie, teatro, *terminar*, todos].

→

2）何もすることができなかったので、私たちは家に帰るしかなかった。

[a, casa, hacer, más, nada, no, no, *poder*, que, remedio, *tener*, volver].

→

3）これらの言葉を言ってしまうと彼女は黙り込んだ。

[callada, *decir*, ella, estas, palabras, *quedar*, *se*].

→

4）近くから眺めるとその絵は違った側面を持っている。

[aspecto, cerca, cuadro, de, diferente, el, *tener*, un, *ver*].

→

5）君の指示に従ったので、私たちはそこに問題なく到着することが出来た。

[allí, indicaciones, llegar, *poder*, problema, *seguir*, sin, tus].

→

2 分詞構文を使ってスペイン語にしましょう。

1）彼は日本人だが刺身（pescado crudo）が全然好きではない。

2）いったん仕事が終わると全員帰宅してしまった。

3）この通りをまっすぐ行けば、駅に着けますよ。簡単に見つかります。（簡単に見つかる　no tener pérdida）

4）プロジェクトが動き出せば、彼らは仲良くやるだろう。（動き出す　poner en marcha、仲良くやる　llevarse bien）

5）バカンスで旅行をしていたときに、私はテロ（atentado）のニュースを知りました。

話法・時制の一致

1 例にならって、直接話法の文に書き換えましょう。

> 例）Mi madre dijo que estaba muy ocupada.　私の母はとても忙しいと言った。
> → *Mi madre dijo: "Estoy muy ocupada".*

1) Nos aseguraron que ese día no podríamos ver al profesor.
　私たちはその日は先生と会うことができないと断言された。
　→

2) Decías que a esas horas ya habrían venido todos los estudiantes.
　君はその頃にはもうすべての学生たちが来ているだろうと言っていた。
　→

3) La chica decía que pensaba ir a España a estudiar Historia de España al año siguiente.
　その女の子はスペイン史を勉強しに翌年スペインに行こうと考えていると言っていた。
　→

4) El comentarista ha advertido que el precio irá subiendo.
　そのコメンテーターは価格は上がっていくだろうと警告した。
　→

5) Dijisteis que os habíais ido del pueblo el mes anterior.
　君たちはその前の月に村を出て行ったと言った。
　→

2 スペイン語にしましょう。

1)「石油（petróleo）が来月値下がりする」という話だ。（直接話法と間接話法で）

2) その生徒は先生に「明日レポート（trabajo）を提出するつもりです」と言った。（直接話法と間接話法で）

3) 私はあなたが長年メキシコで暮らしておられたのだと思っていました。

4) 私たちは君が彼女に恋をしていると知っていたよ。

5) 医者は私に「よく眠れますか？」と尋ねた。（直接話法と間接話法で）

直説法時制

1 日本語に合うように、語を並べ替えて文を作りましょう（斜体の動詞および再帰代名詞は適切な形にすること）。

1) 週末までには宿題をやり終えると君は今朝言ったでしょう？

[de, deberes, *decir*, el, esta, fin, *hacer*, los, mañana, para, que, semana], ¿eh?

→

2) 昨日私は8時に家を出て、8時50分に学校に到着した。

[a, a, a, ayer, casa, de, diez, escuela, la, las, las, *llegar*, menos, nueve, ocho, *salir*, y].

→

3) 私が書類を書き終えたときには、もう夜になっていた。

[cuando, de, de, documento, el, escribir, noche, *terminar*, *ser*, ya].

→

4) 私が起きたときには、家族はもう出かけた後だった。

[cuando, familia, *ir*, *levantar*, mi, *se*, *se*, ya].

→

5) 私がキッチンで夕食を作っている間、私の子供たちは犬を散歩させていた。

[al, cena, cocina, en, la, la, mientras, mis, niños, *pasear*, perro, *preparar*, yo].

→

2 スペイン語にしましょう。

1) 君とロンドン（Londres）で知り合ったときには、僕はあちらにもう何年か住んでいたんだよ。

2) 父は9時の飛行機に乗りました。今頃ニューヨーク（Nueva York）に着いているはずです。

3) あなたはピアノを弾いてどのくらいの期間になるのですか？―そうですね、5年になります。

4) 僕たちが広場で（偶然）会ったときには君は何をしていたの？―映画に行こうと友人を待っていたんだ。

5) 私は以前毎月3冊以上の小説を読んでいたものですが、今はまったく読みません。

命令文

1 日本語に合うように、語を並べ替えて文を作りましょう（斜体の動詞および再帰代名詞は適切な形にし、必要であれば両者を結び付けること）。

1）[tú に対して] 薬局に寄って目薬を買うのを忘れないでね。

[comprar, colirio, de, el, farmacia, la, no, *olvidar*, pasar, por, *se*, y].

→

2）[usted に対して] 詳細については我々のホームページをご覧ください。

[a, de, *dirigir*, información, internet, más, nuestra, página, para, *se*].

→

3）[vosotros に対して] 世界にはまだ飢えに苦しむ子供たちがいることを覚えていてください。

[el, en, *haber*, hambre, mundo, niños, *pasar*, que, que, *recordar*, todavía].

→

4）[ustedes に対して] 質問にお答えください。そうすれば10パーセントの割引をいたします。

[a, ciento, *contestar*, del, descuento, 10, *hacer*, las, les, por, preguntas, un, y].

→

5）彼らが私たちに会議で言ったことをこれ以上考えるのはやめましょう。

[*decir*, en, en, la, lo, más, no, nos, *pensar*, que, reunión].

→

2 スペイン語にしましょう。

1）[vosotros に対して] 子供たち、騒がないように。みんなが勉強しているからね。

2）[tú に対して] やあ、入って。腰かけて、気楽にして。（楽にする、くつろぐ　ponerse cómodo）

3）[tú に対して] 急いで、急いで。バスが行っちゃうよ。（急ぐ　correr）

4）[vosotros に対して] 食事の前に手を洗いなさい。

5）[usted に対して] 子供さんたちにショーケース（escaparate）を触らせないでください。

直説法・接続法

❶ 日本語に合うように、語を並べ替えて文を作りましょう（斜体の動詞および再帰代名詞は適切な形にすること）。

1) 彼はメキシコで10年過ごしているが、スペイン語を覚える気がない。

[años, aprender, aunque, de, 10, en, español, ganas, *llevar*, México, no, *tener*].

→

2) 私たちは日曜日にも働ける店員を必要としていた。

[dependiente, domingos, los, *necesitar*, *poder*, que, también, trabajar, un].

→

3) 君がもっと勉強するように（私は）辞書をプレゼントしよう。

[a, diccionario, *estudiar*, *ir*, más, para, que, regalar, te, un].

→

4) そこに到着するのにそれほど時間はかからないだろうと（私は）思う。

[allí, *creer*, en, llegar, no, que, *se*, tanto, *tardar*, tiempo].

→

5) 私には君の弟が悪いとは思えなかった。

[a, culpa, hermano, la, me, mí, no, *parecer*, que, *tener*, tu].

→

❷ スペイン語にしましょう。

1) 君が事故のことを何も知らないのも当然だ。

2) 私は彼らがそんなに短時間でビザ（visado）を手に入れることができるとは思わなかった。

3) 私たちはボリビアに住んだことがある人を探している。

4) あなたがメキシコシティーへ着いたらお知らせください。

5) 君はご両親が疲れないように手伝ってあげないといけないよ。

解答・解説集（Clave de respuestas y explicaciones gramaticales）はこちらから

https://text.asahipress.com/free/spanish/edgepnnaranja/

―――――――――――――――――
レベル別　スペイン語文法ドリル　オレンジ版
―文法をきちんとおさえたい人のために―
―――――――――――――――――

| 検印省略 | © 2009 年 1 月 15 日　　　　初版 発行
2021 年 1 月 30 日　　　第 10 刷発行
2023 年 1 月 30 日　オレンジ版初版発行 |

著　者	西　村　君　代
	菊　田　和　佳　子
	齋　藤　華　子
	高　垣　敏　博
	宮　本　正　美
	フランシスコ・バレラ

| 発行者 | 原　　　　雅　久 |
| 発行所 | 株式会社　朝　日　出　版　社 |

101-0065　東京都千代田区西神田 3-3-5
電話直通　(03) 3239-0271/72
振替口座　00140-2-46008
https://www.asahipress.com/

| 組　版 | 有限会社ファースト |
| 印　刷 | 信毎書籍印刷 |

乱丁、落丁本はお取り替えいたします。
ISBN978-4-255-55142-5　C1087